我
· COGITO ·
思

（德）克里斯蒂安·艾尔巴赫 编
（英）弗里德里希·冯·哈耶克 著　刘楠楠 译

# 哈耶克的维特根斯坦传

## 文本及其历史

# Friedrich August von Hayek's Draft Biography of Ludwig Wittgenstein

## THE TEXT AND ITS HISTORY

GUANGXI NORMAL UNIVERSITY PRESS
广西师范大学出版社
·桂林·

哈耶克的维特根斯坦传：文本及其历史
HAYEKE DE WEITEGENSITAN ZHUAN：WENBEN JI QI LISHI

丛书策划：吴晓妮@我思工作室
责任编辑：叶　子
装帧设计：何　萌
内文制作：王璐怡



**图书在版编目（CIP）数据**

哈耶克的维特根斯坦传：文本及其历史 / （英）弗里德里希·冯·哈耶克著 ；（德） 克里斯蒂安·艾尔巴赫编 ；刘楠楠译. -- 桂林 ：广西师范大学出版社, 2022. 10
（墨涅摩绪）
书名原文：Friedrich August von Hayek's Draft Biography of Ludwig Wittgenstein：The Text and its History
ISBN 978-7-5598- 5349-3

Ⅰ. ①哈… Ⅱ. ①弗… ②克… ③刘… Ⅲ. ①维特根斯坦（Wittgenstein, Ludwig 1889-1951）一传记 Ⅳ. ①B561.59

中国版本图书馆 CIP 数据核字（2022）第 160869 号

广西师范大学出版社出版发行
（广西桂林市五里店路 9 号　邮政编码：541004
网址：http://www.bbtpress.com）
出版人：黄轩庄
全国新华书店经销
山东新华印务有限公司印刷
开本：850 mm × 1168 mm　1/32
印张：4.25　　字数：72 千
2022 年 10 月第 1 版　　2022 年 10 月第 1 次印刷
定价：52.00 元

CONTENTS

# 目 录


001 编者前言与致谢

005 导言 / 克里斯蒂安·艾尔巴赫

043 编者说明

044 译者说明

045 未完成的路德维希·维特根斯坦简传
/ 弗里德里希·奥古斯特·冯·哈耶克

125 家族关系与家族相似性：哈耶克与维特根斯坦（跋）
/ 艾伦·贾尼克

# 编者前言与致谢

本书首次公开出版弗里德里希·奥古斯特·冯·哈耶克草拟的路德维希·维特根斯坦简传。简传稿本写于1953年，这让哈耶克成为最早系统地收集维特根斯坦传记信息的人之一。哈耶克本打算发表他撰写的简传，但维特根斯坦的姐姐、生前好友及其遗稿保管人均强烈反对该计划，阻止哈耶克继续文本的写作。关于该简传的创作史，我将在“导言”中做详细论述。

哈耶克的未完稿由哈耶克遗产理事会（Estate of F. A. von Hayek）授权编辑翻印。本书编辑使用的文本底稿存放在芬兰赫尔辛基大学冯·赖特与维特根斯坦档案馆里（缩写为WWA）。该底稿在2010年“北欧联合使用卑尔根维特根斯坦档案馆（WAB）与赫尔辛基冯·赖特档案馆（VWA）”研究项目期间被发现并得到核实，该项目由北欧应用研究合作组织（Nordforsk）赞助。2012至2015年，挪威科研委员会（Norwegian Research Council）拨款的研究项目“通过编辑处理塑造知识领域：以维特根斯坦的著作为例”对该材料进行了进一步研究。最终的编辑和文稿准备工作在德国研究联合会（DFG）的联合研究中心“合作的媒介”（特别研究领域第01号子项目：“实践理论的科学媒介：哈罗德·加芬克尔与路德维希·维特根斯坦”）中完成。WWA档案馆馆长伯恩特·奥斯特曼（Bernt Österman）同意本书用哈耶克底稿首页的照片作封面。

本书“导言”是我发表过的一篇德语论文的英文翻译修订版，德语原文参见C.艾尔巴赫（2015）：《弗里德里希·奥古斯特·冯·哈耶克未完成的〈路德维希·维特根斯坦简传〉》，载于《火炉杂志档案馆通讯》，第34期，第83—100页。特别感谢英格丽特·亨泽尔（Ingrid Hänsel）准许我援引路德维希·亨泽尔（Ludwig Hänsel）的书信，以及皮埃尔·斯通伯罗（Pierre Stonborough）准许我引用玛格丽特·斯通伯罗（Margaret Stonborough）的书信。同时也要感谢安妮塔和本尼迪克特·冯·赖特（Anita/Benedict von Wright）允许我援引格奥尔格·亨里克·冯·赖特（Georg Henrik von Wright）的书信片段。感谢佩格·里斯（Peg Rhees）准许我引用洛什·里斯（Rush Rhees）的信件，遗憾的是她在我准备该论文的早期版本时去世了。感谢沃尔克·蒙兹（Volker Munz）重新给予我许可。弗里德里希·奥古斯特·冯·哈耶克的书信由哈耶克遗产理事会授权引用。“导言”在转录书信时将书信格式进行了规范化处理，即手写的补充和更正在编辑处理时没有再做另行说明。非常感谢 WWA 档案馆和芬兰国家图书馆准许我访问它们的馆藏。卑尔根大学哲学系和卑尔根大学维特根斯坦档案馆为我在准备该论文时提供了文献研究资料及科研基础设施。我要特别感谢艾伦·贾尼克（Allan Janik）、伯恩特·奥斯特曼、伊尔斯·索马维拉（Ilse Somavilla）和安东·翁特基舍（Anton Unterkircher）为论文的早期版本提出的宝贵意见，还要感谢玛乔丽·佩洛夫（Marjorie Perloff）对最终版本的修订。感谢蒂娜·席默（Tina Schirmer）和艾琳·莫伊（Arlyne Moi）在翻译准备过程中提供的帮助。朱莉娅·荣格（Julia Jung）和安妮·多斯·桑托斯·雷斯（Anne dos Santos Reis）在整个编辑过程中给予了不可或缺的帮助；感谢她们孜孜不倦的辛勤努力。最后感谢维也纳维特根斯坦倡议协会（Wittgenstein Initiative Wien）秘书长拉德米拉·施韦策（Radmila Schweitzer）对我的鼓励，让哈耶克的未完稿最终得以印刷出版。

克里斯蒂安·艾尔巴赫
锡根和科尔贝，2019 年 7 月

弗里德里希·冯·哈耶克

# 导 言

## 首部维特根斯坦传记
## 以及它为何从未得到出版

克里斯蒂安·艾尔巴赫

### 维特根斯坦与哈耶克

乍一看，路德维希·维特根斯坦（1889—1951）与弗里德里希·奥古斯特·冯·哈耶克（1899—1992）的人生轨迹有惊人的相似之处：这两位来自维也纳的思想家都曾在第一次世界大战期间在奥地利军队服役过；他们两人均在 20 世纪 30 年代移民英国，并在 1938 年希特勒吞并奥地利时加入英国籍；而且二人后来都成为改变他们各自研究领域的重要思想人物。然而，若仔细观察，便会发现他们在成长经历、战争经历和战后学术生涯方面的巨大差异。

哈耶克与维特根斯坦是远亲：哈耶克的曾祖父辈与维特根斯坦的祖母辈[①]有兄弟姐妹关系，这让二人成了远房表亲。然而在那个年代，一家十个孩子不算罕见，所以他们之间的这种亲戚关系也不足为奇。哈耶克与维特根斯坦在度假或者探亲时偶尔会遇到对方，但二人却从未有过真正的友谊（参见 Hayek 1992: 177）。此外，尽管哈耶克的家庭相当富裕，但其生活条件是无法与维特根斯坦家比的，后者是奥地利帝国最富有的家族之一，约翰内斯·勃拉姆斯和约瑟夫·拉博（Josef Labor）是维特根斯坦家的常客。尽管如此，哈耶克与维特根斯坦之间的泛泛之交足以让他们在 1918 年夏末去往意大利前线的火车上认出彼此，对此，哈耶克回忆道：

> 我的第一个记忆可以追溯到服役期间休探亲假的一天。在奥地利的巴德伊舍火车站，两名身穿制服的年轻炮兵少尉对视了一下，说："你看起来很面熟。"接着我们互问对方："你是维特根斯坦家的吗？""你是哈耶克家的吗？"我现在知道，彼时他重返前线，包里肯定背着《逻

① 原文分别是 great grandfather 和 grandmother，从相关资料推断，哈耶克那边是外曾祖父，维特根斯坦这边是外祖母。译者注。

> 辑哲学论》的手稿。但我当时对此一无所知。不过他这个人的许多心理特征倒是在这列从巴德伊舍去往因斯布鲁克的夜车上显露无遗：他对车厢里重返前线的年轻军官报以鄙视的态度，他们趁着酒兴大吵大闹；还有他对世界的某种鄙视。（Hayek 1983: 251）[①]

二人在火车上交谈了起来，但他们并没有进行学术思想交流。在《逻辑哲学论》1921 年发表以前，哈耶克对维特根斯坦的哲学写作一无所知（参见 Hayek 1983: 254）。这一实际情况同时也暗示了二人之间的另外一个主要差异：当他们在火车车厢里偶遇时，维特根斯坦已经师从伯特兰·罗素学习逻辑多年，并写下了后来发展成《逻辑哲学论》的哲学笔记；他已经服役四年，在东线经历过战斗，失去了像大卫·品生特这样的挚友。与之相比，哈耶克当时刚中学毕业，战争结束前夕才被征召入伍。的确，尽管两人年龄仅差十岁，但维特根斯坦与哈耶克从本质上属于两个不同的时代：战争的一代与战后的一代。

哈耶克的学术生涯在战后蒸蒸日上。1921 年——也就是《逻辑哲学论》首次问世那一年——哈耶克完

① 类似的回忆发表于哈耶克（1977）。

成了大学学业，其导师是弗里德里希·冯·维塞尔（Friedrich von Wieser），奥地利经济学派的创始人之一。维塞尔把哈耶克引荐给了路德维希·冯·米塞斯（Ludwig von Mises），于是后者便成了哈耶克的精神导师。通过米塞斯在维也纳的研讨班，哈耶克成了自由主义学派的一员，他们在思想上与后来被称为维也纳学派的哲学运动相通。实际上，据说路德维希·冯·米塞斯的兄弟理查德在一战后的那几年里，决定性地推动了后来衍变为维也纳学派的那些聚会（参见 Stadler 1997: 741–751；Hayek 1992）。通过这些学术关系，哈耶克进入了一个新的学术环境，在那里，《逻辑哲学论》已经得到了广泛热烈的讨论。因此，尽管哈耶克在 20 年代没有见过维特根斯坦，但他显然已经意识到后者是大家崇拜的重要知识分子：《逻辑哲学论》的作者俨然已成为他的导师们和当时维也纳学派中坚力量的偶像，这些人普遍认为此书奇迹般地为他们自己的科学世界观奠定了基础。然而，维特根斯坦自己却对哲学讨论不再感兴趣，事实上，他对任何学术生涯都不再感兴趣。他已在战争结束时完成了自己的著作（参见 McGuinness 1988: 287），三年后这本书问世，在哲学界声名鹊起，但维特根斯坦却认为他已经为哲学贡献了自己所能做的一切。同许多其他退伍军人一样，1919 年他在维也纳就读于一所师范学院。从 1920 年开始，他在下奥地利的偏远山村当小学教师——先是在特拉腾巴赫（Trattenbach），然后在普希贝格（Puchberg），最后在奥特塔尔（Otterthal）。因此，在这十年里，维特根斯坦与哈耶克的轨迹没有交集，尽管两人大部分时间都在奥地利度过。他们的人生分道扬镳：维特根斯坦放弃了旧秩序下维也纳上层阶级的生活，而哈耶克则成为即将到来的一个崭新世界的学术精英。

为米塞斯工作了两年后，哈耶克离开奥地利前往纽约攻读博士学位。在那里，他学到了经济学实证研究的统计新方法，这让他在重返奥地利后成为米塞斯最宝贵的合作伙伴。1927 年初，米塞斯任命他为奥地利商业周期研究所首任所长。当时的哈耶克年仅 27 岁。他那时开始专攻货币史与经济理论，并于两年后发表了一篇题为《储蓄有不合理之处吗？》（*Gibt es einen Widersinn des Sparens?*）的论文（参见 Hayek 1929）。这篇文章引起了英国经济学家莱昂内尔·罗宾斯（Lionel Robbins）的注意，他那时刚被聘为伦敦经济学院的教授。罗宾斯邀请哈耶克到伦敦讲学，结果他的讲座大获成功，并为他带来了在该学院工作的机会。哈耶克接受了这个工作机会，他的讲学内容为其后来的名作《价格与生产》（1931a）奠定了基础。在这之后，即在英格兰，哈耶克与维特根斯坦才再次相遇。

维特根斯坦毕竟不适合当小学教师，于是在 1926

年 4 月辞去了教职。随后，他搬回维也纳，开始在那里为姐姐玛格丽特规划和设计新宅邸。不久，他便与莫里茨·石里克和维也纳学派的其他成员取得了联系。石里克试图说服维特根斯坦像以前那样从事哲学工作，维特根斯坦的英国朋友弗兰克·拉姆齐和约翰·梅纳德·凯恩斯也劝他继续哲学研究（Monk 1991）。1928 年，维特根斯坦最终同意去听荷兰数学家鲁伊兹·布劳威尔（Luitzen Brouwer）的两次讲座，后者主张用直觉主义的方法解决数学基础危机。布劳威尔的课也许对维特根斯坦回归哲学起到了决定性作用，听完这些讲座后，他拾起了与石里克和弗里德里希·魏斯曼（Friedrich Waismann）的哲学讨论，这两人均为维也纳学派的核心人物（参见 Wittgenstein 1967；Iven 2015；Stadler 1997: 449−450）。1929 年，维特根斯坦决定搬回剑桥，他的名字即将成为剑桥哲学圈的传奇，他的朋友们热切期盼他们战前认识的那位天才的归来。譬如，凯恩斯的一封信就很出名，他在信中如此宣告维特根斯坦的归来："好了，大神回来了。我在 5：15 的火车上接到了他。"（Monk 1991: 255）

正是通过老朋友凯恩斯，维特根斯坦才再次见到哈耶克。早在剑桥求学的日子里，凯恩斯就是维特根斯坦的密友。重返剑桥以后，凯恩斯不仅把维特根斯坦重新领进了显要的社会文化圈，他还让维特根斯坦意识到两大经济学思潮之间的对抗，它们一方是凯恩斯的反古典主义理论，另一方是哈耶克呼吁的自由市场经济。从哈耶克（1931b，1932）对凯恩斯《货币论》（1930）的根本性批判中仍能看出这种紧张的对抗关系，而凯恩斯对它的回应（1931）也同样尖锐。

在英国经济学发展的关键时期，这两位伟大经济学家的对峙背后有其他知识分子做后盾，他们一边是以皮耶罗·斯拉法（Piero Sraffa）为首的剑桥阵营，另一边是以卡尔·波普尔为首的伦敦阵营。斯拉法是一位来自意大利的马克思主义经济学家，他移民英国，在那里与凯恩斯结盟，并抨击过哈耶克的《价格与生产》（参见 Hayek 1931a；Sraffa 1932；Lachmann 2010）。维特根斯坦基本拥护斯拉法一方：至少这位意大利经济学家对维特根斯坦的哲学发展产生过决定性的影响，这使得他成为维特根斯坦在《哲学研究》（1953）序言中提及的极少数人之一（参见 McGuinness 2008；Iaco 2019；Morra 2019）。此外，与斯拉法的谈话也有可能助长了维特根斯坦对苏联的浪漫幻想，他以为自己能在那里找到一种适合他的生活方式，但是1935年的苏联之行让他的幻想破灭。与此同时，在伦敦，哈耶克与卡尔·波普尔结盟，波普尔后来说服哈耶克在英格兰定居。波普尔提倡一种与维特根斯坦的哲学相对立的科学哲学，他的思想后来得到了保罗·费耶阿本德的综合建构，而费耶阿本德之所以成为波普尔的学生，仅仅是因为维特根斯坦病重而无法接近（Feyerabend 1995: 86）。在剑桥道德科学俱乐部的一次学术例会上，维特根斯坦与波普尔之间的争执很好地体现了这两个思想阵营之间针锋相对的冲突：波普尔一度以为维特根斯坦在用一把壁炉火钳威胁他（参见 Edmonds and Eidinow 2001）。不过哈耶克有一次也目睹了类似的情景，那是在第二次世界大战期间的一次道德科学俱乐部的聚会上：维特根斯坦举着一把火钳，以此强调他们正在讨论的一个看似复杂的话题的简单性。由此看来，维特根斯坦挥舞火钳的举动并没有什么不同寻常，也不只是特别针对波普尔；但是亲眼看到这个举动时，哈耶克以为维特根斯坦疯了（参见 Hayek 1992: 178–179）。

当哈耶克与维特根斯坦开始定期在道德科学俱乐部见面时，他们两人都已加入了英国籍。第二次世界大战期间，为了让哈耶克免遭伦敦的空袭，凯恩斯为他在剑桥安排了一个住处（参见 Hayek 1992: 179）。然而，这在维特根斯坦和哈耶克之间仍未激起太多交流。此时的哈耶克正在继续壮大自己的思想，并让它结出了丰硕的果实（参见 Hayek 1944），而维特根斯坦则无法忍受在战争时期教哲学。闪电战以后，维特根斯坦离开了剑桥，到伦敦盖伊医院工作。1943 年，他又转到纽卡斯尔的一家实验室任职。据哈耶克称，直到二战结束之际，他与维特根斯坦才开始真正意义上的见面，当时维特根斯坦被召回剑桥继续他中断的教职。维特根斯坦与哈耶克重新接触的原因，是维特根斯坦渴望回维也纳看望他的姐姐赫敏（参见 Hayek 1992: 180）。哈耶克已经对如何获得回国探亲许可的官方程序了如指掌，并向维特根斯坦解释了这些程序要求，后者在战后可能更难与奥地利官员打交道。

就在这样一次从维也纳探亲返英的路上，哈耶克与维特根斯坦最后一次相遇（参见 Hayek 1992）。他们的最后一次偶遇，与初次一样，也是在火车上：那是 1950 年年初，两人均从维也纳乘夜车出发。半睡半醒的维特根斯坦认出了比他晚进车厢的哈耶克。第二天早上，他们聊起了哲学和俄国。正当哈耶克感到谈话开始变得有意思时，火车抵达法国海岸，乘客必须下车坐船。他们在乘船过海峡的时候，以及过了海峡以后，都没有再遇见对方。——他们的交往始于并且终于火车上的闲谈，这一事实似乎象征了他们之间的关系：维特根斯坦与哈耶克经常朝同一个地理方向旅行，但是他们的思想之旅迥然不同。尽管如此，他们的几次相遇却给哈耶克留下了如此深刻的印象，以至听到维特根斯坦的死讯时，他感到有必要为维特根斯坦写一本传记。

## 哈耶克的维特根斯坦传记计划

1950年秋，距离维特根斯坦与哈耶克的最后一次见面已过去半年的时间，哈耶克获得了芝加哥大学社会与道德科学专业的教授职位。他应该是在此后不久听说了维特根斯坦的死讯，并决定为这位远亲写传记。然而，两人生活轨迹表面上的相似性无法解释哈耶克为维特根斯坦写传记的真正驱动力；况且他们的政治、科学、经济和哲学观点也不尽相同。诚然，哈耶克并非思想狭隘的专业人士。就在搬去芝加哥前不久，他才刚完成了一项期待已久的计划，撰写了一本关于知觉心理学的论著（参见 Hayek 1952）。而且传记这种文体他也并不陌生。他曾为约翰·穆勒和一些同时代的人及朋友写过传记文章（参见 Hayek 1992）。因此，哈耶克为维特根斯坦写传记的意向似乎并没有乍看时那样不可思议。这类写作是哈耶克所属的知识分子传统的一部分。而且，从更广意义上讲，这种文化氛围或许正是把这两个迥然相异的人联系到一起的纽带。其实，最打动哈耶克的是维特根斯坦“对真的激进狂热”（参见 Hayek 1992: 177）。哈耶克对维特根斯坦独特的思想率直的着迷，或许才是解答哈耶克何以立志为他写传记的关键。

1953年初，哈耶克开始动笔写一篇追忆维特根斯坦的文章，他显然有意把它交给《心》（*Mind*）杂志发表。为了搜集更多有关这位哲学家的信息，他联系了维特根斯坦的生前好友及熟人。[①]很快，他收到的资料便超出了写一篇随笔的需求：他收到了弗兰克·拉姆齐和莫里茨·石里克写给维特根斯坦的书信，二人那时均已过早地离世；摩尔提供了维特根斯坦的口述记录；品生特的母亲寄来了儿子日记的摘录。最后，罗素还提供了他与维特根斯坦的全部通信。

在维特根斯坦的奥地利朋友中，路德维希·亨泽尔（Ludwig Hänsel）是最早回复哈耶克询问的人。亨泽尔与维特根斯坦在卡西诺的一座战俘营里相识，后来成了一生的挚友（参见 Somavilla et al. 1994）。亨泽尔十分乐意与哈耶克合作，并给他寄去了一份维特根斯坦生平重要事件的汇总，这份汇总是他在维特根斯坦的姐姐玛格丽特·斯通伯罗及另外一位密友、小学教师鲁道尔夫·科德尔（Rudolf Koder）的协助下完成的。亨泽尔还提供了其他一些联系人的地址，比如科德尔和雕塑家米夏埃尔·德罗比尔（Michael Drobil），维特根斯坦曾在德罗比尔的工作室里雕过

① 保存在芬兰赫尔辛基大学冯·赖特与维特根斯坦档案馆（WWA）里与哈耶克简传创作史相关的初步文献目录，参见艾尔巴赫（2010）。此中收录的最早一封信件来自 1953 年 1 月 28 日：L. 亨泽尔致哈耶克，1953 年 1 月 28 日，WWA 档案馆，详见目录 WWA documents\Biographical\2. Hayek, Sjögren, National Biography。

一个半身像。亨泽尔1953年1月初次回复哈耶克时，就表示赞成他的传记计划：

> 我非常赞成您真实再现L. W.人生轨迹的计划，而M.杂志[①]无疑是最佳选择：在那里，每一个对W.真正感兴趣的人都会注意到它。这样的话，某些传言就能被打破了。[②]

有关维特根斯坦的各种传说彼时已四处流传。亨泽尔特别提到了两篇文章，它们发表于1952年《月份》（*Der Monat*）杂志二月刊（参见Cranston 1952；Ferrater Mora 1952）。他还告诉哈耶克，伊丽莎白·安斯康姆（Elizabeth Anscombe）立即在该杂志上发表了一份要求撤回以上文章的声明（1952）。[③]此外，他还告知哈耶克，安斯康姆是维特根斯坦指定的遗稿保管人之一，负责准备其遗稿的出版工作。亨泽尔当时已经认识了安斯康姆，因为她与其他两位保管人——洛什·里斯和格奥尔格·亨里克·冯·赖特——

---

① 指《心》（*Mind*）杂志。译者注。

② 亨泽尔1953年1月28日致哈耶克的信。（该译文译自德语。译者注。）

③ 亨泽尔1953年1月28日致哈耶克的信。例如，安斯康姆在其声明中指出，维特根斯坦并没有在他的生命尽头皈依天主教。

1952年夏一起去过奥地利，并在那里见了亨泽尔和斯通伯罗夫人。这次会面期间，亨泽尔把维特根斯坦担任小学教师时从凯恩斯、拉姆齐和石里克那里收到的信件交给了冯·赖特。亨泽尔也把这些信件的事情告诉了哈耶克。由于斯拉法已经建议过哈耶克有必要联系冯·赖特，于是哈耶克没有犹豫，立即就自己的传记计划致信这位芬兰哲学家：

> 因为就我所知，没有人在为我已故的“远亲”路德维希·维特根斯坦（严格意义上讲，他是我的表亲）准备写简传，所以不久前我开始为这样一本传略搜集材料。为此，我曾致信剑桥大学三一学院的皮耶罗·斯拉法，他刚刚告知我，您与安斯康姆小姐有一些传记材料，可能准备在《哲学研究》出版时用。
>
> 我致信给您（我也会给安斯康姆小姐写一封类似的信）的主要目的，是想了解我的传记计划是否会重复别人业已完成的工作。但如果您认为在您和安斯康姆小姐完成正在做的工作以后，仍有空间让我实现这篇我所设想的纯传记，那么，烦请您告知您手上是否有我在这方面可以并且应该用到的材料，对此我将不胜感激。

> 我承认，我对 L. W. 不甚了解，尽管在近三十年的时间里我屡次见到过他。我唯一对他稍有了解的时期，是二战前和二战后我在剑桥生活的那段时间。[①]

冯·赖特想在回信前先考虑清楚哈耶克是否适合这项工作。他仍记得《月份》杂志上刊登的论维特根斯坦的文章所造成的恶劣影响，于是，冯·赖特找安斯康姆商议：

> 昨天我收到 F. A. 哈耶克教授的一封信。他告诉我他正准备为维特根斯坦写一篇小传。他可能也给你写过信了。在回复他之前，我很想先听听你的意见。
>
> 在我看来有两种可能性。要么我们相信哈耶克教授的传记必定很糟，倘若如此，我们应当想办法劝阻他，而不是通过为他提供信息去鼓励他继续这项任务。要么我们有理由相信，H. 比其他任何人更能在不久的将来胜任这项工作，并相信他能写出可靠体面的东西。倘若是这种情况，我

① 哈耶克 1953 年 1 月 20 日致冯·赖特的信，收藏于 WWA documents\Biographical\2. Hayek, Sjögren, National Biography。

应准备好给他一切我能提供的帮助。

我个人更倾向于第二种可能性。我不认识哈耶克教授本人，也没有读过他写的任何东西。但从我听到的评论和评价来看，他在经济学和历史学领域均享有很高的赞誉。/ 大家对他在政治经济学方面的著作的看法可能存有分歧。/ 他认识维特根斯坦很久了，尽管关系不是很密切，而他与维特根斯坦家族也有关联。

有可能在不久的将来找到一位更能胜任的传记作者吗？我对此深表怀疑。我怀疑在维特根斯坦更亲密的朋友当中，不管是英国、奥地利还是其他什么地方的朋友，是否有人愿意承担这项任务。而另一方面，我们也不能排除某些真的无法胜任的人——以克兰斯顿为代表——写关于 W. 的东西的可能性。《哲学研究》的出版可能会为跃跃欲试的传记作者提供新的刺激。倘若他们得知哈耶克教授的计划以及我们支持这项计划，这些人也许会打消将他们的计划付诸行动的念头。或许，H. 的书能有助于修正或者平衡其他书所造成的不良影响。

希望你能早日回复，除非你想对此做

> 一番专门调查。与此同时，我会从这里的图书馆借一些H.的论著来读读，以对他的写作和科研能力做出我自己的鉴定。[①]

安斯康姆在“对这件事情进行了深思熟虑”后回复道，她认为没有理由阻止哈耶克在《心》上发表一篇小传。[②]她会同意向他提供事实资料，以确保文章的准确性，但她不愿意把私人文件交给他，比如维特根斯坦的加密札记或信件。她也不会为他追忆往事。安斯康姆认为哈耶克肯定会比克兰斯顿（Cranston，1952）和费拉特·莫拉（Ferrater Mora，1952）强，但她仍不信任哈耶克的能力。冯·赖特给哈耶克的回信与安斯康姆的态度吻合：

> 如果您能写一篇传略，准确地记叙路德维希·维特根斯坦的主要生平纪事，实事求是地呈现他的性格与主张，那的确将是最好不过了。我的意思是不包括他的哲学观点；它们会为自己说话。出于各种原因，我认为这一点很重要。随着时间的推

① 冯·赖特1953年2月5日致安斯康姆的信，收藏于NLF, Coll.714.11-12。

② 安斯康姆致冯·赖特的信，日期不详，收藏于NLF, Coll.714.11-12。

移，必定会有大量关于L. W. 的文献涌现。关于他的思想和性格也将会出现五花八门的阐释，例如“实证主义的”“形而上的”“宗教的”或“美学的”阐释。我们无法避免各种无稽之谈的出现，也无法避免甚至有人相信这些无稽之谈。但是，假如有一两个可靠的事实信息来源，则可以极大地限制明显错误的传播。——他离世后出现的那些讣告和文章几乎无一例外地存在重大错误与误解。①

对冯·赖特——以及安斯康姆和亨泽尔——而言，至关重要的是，有关维特根斯坦生平的出版物一定要提供可靠的信息，并在必要时纠正四处散布的错误信息。冯·赖特还提及他自己也正在为维特根斯坦写小传：

事实上，我自己用瑞典语为L. W. 写了一篇类似小传的东西。我希望能对它做一些改进和扩充，也许什么时候能发表部分或者全部内容。我还考虑为L. W. 写一些“追忆”：回忆我们的谈话，他对不同

① 冯·赖特1953年2月22日致哈耶克的信，收藏于WWA documents\Biographical\2. Hayek, Sjögren, National Biography。

> 事物的看法，以及他的文学艺术喜好等。但我高度怀疑[①]自己能否写出值得出版的东西。无论如何，我的工作不会令您的计划显得多余，也毫无“竞争”之意。[②]

事实上，哈耶克收集的主要是1929年以前的维特根斯坦生平信息，冯·赖特则侧重这之后的日子。因此，他们收集的材料似乎互相补充。这促使哈耶克在下一封信里向冯·赖特概括汇报了自己迄今为止搜集到的成果。他解释道，他的计划是写一部简传，然后把它寄给维特根斯坦的朋友们，以作补充和修订。[③]事实上，哈耶克1953年春就完成了简传的初稿，并把它寄给了信息提供者们。然而，他的快速行动——事后看来——却似乎适得其反，预示了该项目未来的流产。亨泽尔1953年3月向哈耶克汇报：

> 我让玛格丽特·斯通伯罗夫人读了您的草稿，她是路德维希·维特根斯坦的姐姐，对他写给B. 罗素的信特别感兴趣。可是她坚信，但凡超出生平纪事，就几乎

---

① 冯·赖特将skeptical误写成sceptical。译者注。

② 冯·赖特1953年2月22日致哈耶克的信。

③ 哈耶克1953年2月27日致冯·赖特的信，收藏于WWA documents\Biographical\2. Hayek, Sjögren, National Biography。

> 不可能对她的弟弟有好的性格刻画，因为他的本性太过复杂。所以在她看来，最好的办法恐怕是收集关于他的各种逸事。[①]

亨泽尔向哈耶克委婉地暗示了玛格丽特·斯通伯罗对其计划的抵触。该抵触情绪的真实程度则在斯通伯罗写给儿子的一封直言不讳的信里表露无遗：

> 那个哈耶克给我来了一封十分惹人厌的信，信中问我索要 Luki[②] 的详细家庭信息。“如有可能，还有他写给妈妈的信”，这个小子太可恶了。我［……］给他回了一封非常冷淡的拒绝信，告诉他我们有多么反对这种“简传”，还有这对 Luki 来说会有多么可怕。[③]

斯通伯罗夫人在给哈耶克的拒绝信里明确表示，她认为她有责任毫不含糊地表明自己对该计划的反对

---

① 亨泽尔 1953 年 3 月 8 日致哈耶克的信，收藏于 WWA documents\Biographical\2. Hayek, Sjögren, National Biography。（该译文译自德语。译者注。）

② Luki 是路德维希·维特根斯坦的姐姐对他的昵称。译者注。

③ 玛格丽特·斯通伯罗 1953 年春致儿子托马斯·斯通伯罗的信，转引自 Iven 2009: 156。（该译文译自德语。译者注。）

立场。依她来看，维特根斯坦若知道此事会非常恼火，且会尽其所能阻止任何传记讨论他的童年、家庭和出身。在她看来，要尊重这种态度，就必须严格保持沉默。[①] 她在给冯·赖特的信中解释了自己的这一根本异议：

> 似乎每个人都收到了哈耶克教授的信 + 大家对他的评价不一。[②] 我不认识他（他的母亲跟我们是远亲），但我就是讨厌任何不了解舍弟的人为他写传。我迄今为止读到过的这类传略中，只有一个澳大利亚人写的——安斯康姆小姐把它寄给了我——不至于让路德维希读完后感到恶心。老好人亨泽尔教授来看过我 + 我拿这篇文章给他看了 + 然后我设法在不伤害他的情况下明确地向他表明，这才是描写路德维希的唯一不自作多情的方式。哈耶克却从

---

① M. 斯通伯罗 1953 年 6 月 12 日致冯·赖特的信里附有她写给哈耶克的信的影印件，收藏于 WWA documents\Biographical\2. Hayek, Sjögren, National Biography。

② 玛格丽特·斯通伯罗整段都使用“+”替代英语并列句间的逗号或者“and”。维特根斯坦写信时也倾向于使用“&”符号代替并列句间的逗号或“and”。为了突出这一书写特色，译文保留了原文的“+”。译者注。

> 未见过他，也没遇到过他，更不认识任何曾经了解他的人！不，我强烈反对这种传记。写这类东西的人缺乏严肃性＋如果某个人的传记要求严肃性，那非路德维希的莫属。[①]

收到这封信后，冯·赖特信守承诺，将他自己的维特根斯坦传略草稿寄给了哈耶克，但与此同时，他开始重新斟酌哈耶克的计划。于是，他联系了里斯——除他和安斯康姆外的第三位维特根斯坦遗稿保管人——并请求他读哈耶克的草稿。与此同时，哈耶克把他从冯·赖特的小传中获取的信息补充到了自己的草稿里，并将修改后的手稿又寄给了冯·赖特。[②]冯·赖特非常仔细地阅读了哈耶克的草稿，并做了大量的更正补充。哈耶克与冯·赖特之间的信息与详细资料的交流得到不断深化。在这种友好的合作氛围里，一度出现了可能会富有成果的合作前景。这两位学者互相分享各自的广泛兴趣：哈耶克阅读了冯·赖特论利希滕贝格的文章（1942），并从中受益匪浅；冯·赖特则打算在自己的课上讨论哈耶克在知觉心理学方面

---

① M. 斯通伯罗 1953 年 6 月 12 日致冯·赖特的信。这里提及的传略，参见 Gasking 和 Jackson（1951）。

② 该手稿是 WWA 档案馆收藏的哈耶克所写小传的第一稿。

的工作（1952）。随着夏天的临近，二人甚至考虑见面。

这时，冯·赖特和哈耶克似乎都没有正确认识到斯通伯罗夫人阻止这项计划的决心。当她1953年6月中旬提醒冯·赖特这件事时[①]，情况发生了改变。哈耶克此前已经回复过她，告诉她他能理解她的立场，但不会因此而放弃他的计划。斯通伯罗夫人于是将她拒绝信的一份影印件转寄给了冯·赖特。她似乎不反对有人为她的弟弟写一本好传记，但大概不能让哈耶克写，且时机也尚未成熟。[②]因此，当亨泽尔没有停止与哈耶克的合作时，斯通伯罗夫人可能变得不耐烦了：亨泽尔当时正在向哈耶克提供维特根斯坦当小学教师期间的文件，以及维特根斯坦与拉姆齐和凯恩斯之间的通信。但是他同时也能理解维特根斯坦姐姐的反对意见。亨泽尔的信似乎通过建议一种可能会获得斯通伯罗夫人准许的传记方式，寻找调解各方的可能性：

> 我相信我们的意见是一致的：我们担心的并不是您可能对W.的某些性格所做的阐释，而是应当在多大程度上将他的生平细节公之于众。您的传记既不应变成（简言之：）歌德式的揭露，也不应为精神分

① M. 斯通伯罗1953年6月12日致冯·赖特的信。

② 该信息出自笔者与皮埃尔·斯通伯罗的一次谈话。

> 析者们提供素材。我曾经说过，只有客观地记叙主要事件，才最适合摧毁离奇的传说并阻止新传说的出现。[1]

1953年7月，亨泽尔把维特根斯坦教书期间的官方教师评定影印件和维特根斯坦后来编写的小学词典（参见 Wittgenstein 1926）寄给了哈耶克——这本词典不是哲学著作，而是维特根斯坦生前出版的第二本书。与此同时，哈耶克开始充分意识到自己的计划岌岌可危。于是他去找冯·赖特，请他在面对斯通伯罗夫人的抵制时帮忙捍卫这项计划。[2]

由于冲突双方都要求他出面干涉，冯·赖特变得烦躁起来。在给哈耶克回信时，他略过整个问题，仅谈及了简传的历史事实方面。他想等到遗稿保管人夏季在牛津的下一次例会上，大家就解决方案达成共识。结果是，他们认为哈耶克的简传一点也不好。其实对于这些多年来既是维特根斯坦的学生又是其朋友的遗稿保管人而言，哈耶克对维特根斯坦哲学思想的无知肯定是显而易见的。他们作为遗稿保管人的任务是正

---

① 亨泽尔1953年6月25日致哈耶克的信，收藏于 WWA documents\Biographical\2. Hayek, Sjögren, National Biography。（该译文译自德语。译者注。）

② 哈耶克1953年7月2日致冯·赖特的信，收藏于 WWA documents\Biographical\2. Hayek, Sjögren, National Biography。

确对待他们所了解的这个人，正确对待他的哲学及其出版愿望等问题，于是他们的保留意见演变成了如何推迟哈耶克手稿的出版：

> 伊丽莎白写信说你提议给哈耶克去一封信，跟他讲我们打算出版罗素的信，并要求他在我们出版这些信件之前不要将之公开。我认为这是个好主意。①

由于哈耶克的简传主要基于维特根斯坦写给罗素的书信，所以安斯康姆和冯·赖特也许已经料到哈耶克会放弃他的计划。而里斯却担心他可能会坚持到底：

> 我不确定这是否会让哈耶克安静下来。就算他没有恳求只援引纯“自传”的部分——他仍有可能坚持写生平，即便不用这些书信。我非常希望他能在这件事上退缩。他若果真坚持，可能有必要找人在《心》上或者其他什么地方发表一条评论，批判或者谴责他的工作。②

---

① 里斯 1953 年 9 月 18 日致冯·赖特的信，收藏于 NLF, Coll.714.200-201。

② 里斯 1953 年 9 月 18 日致冯·赖特的信。

与里斯的顾虑正相反，当哈耶克先从安斯康姆那里，后来又从冯·赖特那里得知他们有关罗素书信的决定时[①]，他的反应相当大度：

> 我不着急，其实也没有著书立传的野心。如果在由我起头的这项任务上，有人比我做得更好，那就最好不过了；而且，无论如何我都不会试图抢先于您。事实上，如果把我收集到的材料转交给您能带来最好的结果，我会很乐意这样做的。[②]

哈耶克把他夏天完成的修订版寄给了冯·赖特，其中包含后者此前的更正。[③]对这个第二版，冯·赖特没有做太多修订。哈耶克慷慨地把自己收集的材料、照片复印件、摩尔的笔记、维特根斯坦与拉姆齐和凯恩斯的通信，以及品生特的日记摘录一并交给了冯·赖特。他还称赞冯·赖特起草的维特根斯坦小传：

---

① 安斯康姆 1953 年 9 月 16 日致冯·赖特的信，收藏于 NLF, Coll. 714.11-12；冯·赖特 1953 年 10 月 13 日致哈耶克的信，收藏于 WWA documents\Biographical\2. Hayek, Sjögren, National Biography。

② 哈耶克 1953 年 10 月 17 日致冯·赖特的信，收藏于 WWA documents\Biographical\2. Hayek, Sjögren, National Biography。

③ 该版本是 WWA 档案馆收藏的哈耶克所写简传的第二稿。

> 无论您将如何书写W.，我希望您能纳入并尽量扩充您在文稿第15页上的内容。依我拙见（我的瑞典语水平几乎等于零），它是迄今为止尝试过的最棒的性格刻画。[①]

冯·赖特非常感激哈耶克没有进一步令事端发酵的沉着稳重，并诚恳地就他提供的传记材料道了谢。所以，冲突没有以怨恨告终，而是得到了善意的外交处理。之后二人就维特根斯坦学生时代的一些细节又进行了简短的交流，而这也标志着哈耶克的维特根斯坦传记工作的终结。然而，他的工作并没有白费。

## 哈耶克版秘传的重生

哈耶克是第一个系统地从维特根斯坦生前好友那里搜集传记材料的人。他一定早就意识到了，要写这样一篇传记文章，需要做更大量的研究工作。事实上，维特根斯坦的人生轨迹直到几十年以后才得到公开。但是对后来的几乎所有传记作品而言，哈耶克的开创性工作最具价值。冯·赖特在他自己的小传里就用到

① 哈耶克1953年10月17日致冯·赖特的信。

了其中一部分材料，这篇文章的瑞典语版于1954年、英语版于1955年出版。冯·赖特写这篇随笔的主要目的，是准确提供维特根斯坦的生平史实，以避免更多坊间传闻继续出现。然而，他的小传已远远超出对史实的简单罗列，正如冯·赖特的密友、维特根斯坦的思想对手查理·布罗德（Charlie D. Broad）所观察到的：

> 冯·赖特并没有将自己仅仅局限于记录事实。他对维特根斯坦的个性、才智，及其早期和晚期的哲学贡献，都做出了自己的——其实是非常高的——评价。（Broad 1959: 304）

斯通伯罗夫人同样也对冯·赖特的小传大加赞赏：

> 最美的追悼 + 十分动人。我想他[①]会珍视它的。[②]

大家似乎对哈耶克版传记问题的解决方式都很满

① 指维特根斯坦。译者注。

② M. 斯通伯罗1953年11月30日致冯·赖特的信，收藏于WWA documents\Biographical\2. Hayek, Sjögren, National Biography。

意。自从遗稿保管人的介入，哈耶克便失去了为维特根斯坦写传记的兴趣，于是停止了手稿的撰写（参见 Hayek 1983: 139）。不过二十年后，他还是发表了一篇关于维特根斯坦的随笔（参见 Hayek 1977）。这篇文章没有涉及任何他曾经为传记所收集的材料，而只是记录了他自己与那位哲学家之间的几次相遇。由此可见，哈耶克约束了自己的写作，他只公开发表那种斯通伯罗夫人认为体面得当的生平追忆。

尽管如此，哈耶克搜集到的材料并没有遗失：1961 年，安斯康姆与冯 · 赖特在他们编校的《维特根斯坦札记》（1961）中公开了维特根斯坦致罗素的部分信件。这些札记可以追溯到一战期间，所以记录了《逻辑哲学论》的创作史。冯 · 赖特此时已经在考虑写一篇关于《逻辑哲学论》源起的文章，不过该计划十年后才得到落实。文章起因是他在奥地利的格蒙登（Gmunden）发现了一份《逻辑哲学论》的早期手稿，即所谓的《原逻辑哲学论》（*Prototractatus*）。冯 · 赖特论《逻辑哲学论》源起的文章后来成为出版《原逻辑哲学论》时的导言（参见 Wittgenstein 1971；重印版参见 von Wright 1982: 63–109）。准备该文时，冯·赖特联系了哈耶克，后者此时已搬到德国的弗莱堡。于是两人恢复了他们之前曾有的那种温文尔雅、友好合作的语气。但是由于哈耶克的原始资料其实已经对冯 · 赖特的文章很有帮助，所以他对冯 · 赖特的新贡献仅限于一份资料清单，他已经把这份清单交给了托马斯·斯通伯罗和布莱恩·麦吉尼斯（参见 Hayek 1983: 139）。麦吉尼斯是《原逻辑哲学论》的第二编辑，他在自己的维特根斯坦传里也用到了哈耶克的开创性工作：

> 在帮助过我的维特根斯坦的朋友和家人中，弗里德里希·冯·哈耶克教授占据了一个特殊的位置。就我所知，他，作为维特根斯坦的远亲，是第一个着手为传记收集材料的人。他与维特根斯坦当时仍健在的姐姐和哥哥（他们不愿意让他继续这项工作）以及许多其他难得的见证人（比如前面提到的路德维希·亨泽尔）通过信。哈耶克教授不仅让我受益于他的亲身回忆，而且还向我提供了他写的简传[①]（这是他的措辞），并非常慷慨地向我提供了简传所依据的通信资料。（McGuinness 1988: x）

麦吉尼斯在其致谢中强调，除了哈耶克所写的简传本身，哈耶克收集的资料对他也很有帮助。这提醒

① 原文为 sketch，意为素描、简述。译者注。

我们，哈耶克所写的简传并不旨在以此种形式出版。[①]因此，今天再读哈耶克所写的简传，读者不应按出版物的标准去衡量它。不过，哈耶克对简传结构的构思倒是可以被拿来做简要分析：亨泽尔、斯通伯罗夫人和科德尔提供的生平简历构成了哈耶克所写简传的总体框架。该框架又由三大类信息填充：第一类，家庭背景信息，其书面来源不详；第二类，战前的生活，其主要信息基于维特根斯坦与罗素的通信（通信集迄今已编辑出版了若干卷，最完整版参见 Wittgenstein 2011）和品生特的日记记录（由冯·赖特编订，参见 Pinsent 1990）；第三类，战时与战后的生活，其信息主要来自亨泽尔与保罗·英格尔曼（Paul Engelmann）的转述。下表是哈耶克简传各部分及其资料来源的详细汇总。

表一列举的资料清单证实了麦吉尼斯在其致谢语中暗示的内容，即哈耶克成功收集到了有关维特根斯坦生平的重要信息——这些信息对后来的传记作者来说不可或缺。于是，威廉·巴特利（William Bartley 1973）和威廉·鲍姆（William Baum 1985）也向哈耶克恭敬地致了谢。并且，瑞·蒙克（Ray Monk）也提到哈耶克的文本是他所著传记的来源之一（Monk 1991: 641）。比如，蒙克介绍维特根斯坦家族史的段

① 此处提到的资料是 WWA 档案馆收藏的哈耶克手稿的第三稿。

落里就有哈耶克文本的痕迹（参见 Monk 1991: 7），另外，蒙克版传记中关于维特根斯坦在曼彻斯特时期的某些段落也与哈耶克文本中的埃克尔斯和梅斯的回忆记录一致（参见 Monk 1991: 29–35）。

表一 哈耶克手稿的主题划分及其主要资料来源概览，基于笔者在赫尔辛基大学冯·赖特与维特根斯坦档案馆（WWA）的研究工作

| 章节划分 | 主题 | 页码 | WWA资源 |
|---|---|---|---|
| 1 | 家庭背景及进入大学前的学生时代 | 1—4 | 具体信息来源不详，可能是私下了解的背景信息 |
| 2 | 维特根斯坦在曼彻斯特的日子 | 4—8 | W. 埃克尔斯与W. 梅斯的转述 |
| 3 | 战前的剑桥时光及挪威之行 | 8—28 | 与罗素的通信，品生特的日记 |
| 4 | 一战及战俘营 | 28—30 | 亨泽尔与英格尔曼的转述 |
| 5 | 战后初期 | 30—34 | 与罗素的通信 |
| 6 | 维特根斯坦在特拉腾巴赫、诺因基兴、普希贝格和奥特塔尔当小学教师 | 34—41 | 信息来自普特雷（Putre）、贝尔格尔（Berger）、罗斯纳尔（Rosner）、施莱特纳尔（Scherleitner）、凯恩斯、拉姆齐和石里克（均通过亨泽尔获得） |
| 7 | 重返维也纳 | 41—45 | 亨泽尔与英格尔曼的转述 |

因此，哈耶克努力编写的维特根斯坦传，以及他为此收集的文献资料，最终被现有的两本权威传记——麦吉尼斯和蒙克的维特根斯坦传——所采用。

这两本传记更正了哈耶克文本中存在的事实错误。然而，哈耶克在转录资料时犯下的大量错误却表明，他的兴趣不同于语文学家或史学家的兴趣，而是旨在为维特根斯坦勾画一幅知识分子肖像。因此，哈耶克简传的未完稿具有极高的研究价值，特别对于研究维特根斯坦是如何被书面刻画的学者而言。这本简传及其创作史体现出哈耶克对这位远亲的个人感受，故而十分具有研究价值。值得注意的是，哈耶克的文本——即使未完成——没有表现出任何对维特根斯坦天才的崇拜。相反，这位哲学家被描写成了一位非常富有的年轻人，他既有苦恼，也有缺点，而且最重要的是，他艰难地寻找自己的智性之路。从这个意义上讲，该文本用它自己的方式展现了哈耶克没有背弃当初促使他写传记的初衷：维特根斯坦对真、正直和严肃的狂热。正是他对这些特质的欣赏，致使维特根斯坦的姐姐及其遗稿保管人当初干涉了哈耶克所写简传的出版——而这恰恰也证明了如今出版简传的合理性。

# 参考文献

Anscombe, G. E. M., 1952. »Letter to the Editor«.（《致编辑的信》）*Der Monat* 43, pp. 97–98.

Bartley, W. W., 1973. *Wittgenstein*.（《维特根斯坦》）Philadelphia: Lippincott.

Baum, W., 1985. *Ludwig Wittgenstein*.（《路德维希·维特根斯坦》）Berlin: Colloquium Verlag.

Broad, C. D., 1959. »Review of Ludwig Wittgenstein: A memoir by Norman Malcolm«.（《诺尔曼·马尔康姆的〈回忆维特根斯坦〉评论》）*Universities Quarterly* 13, pp. 304–306.

Cranston, M., 1952. »Bildnis eines Philosophen«.（《一位哲学家的肖像》）*Der Monat* 41, pp. 495–497. 重印于：*Ludwig Wittgenstein: Schriften: Beiheft*。（《路德维希·维特根斯坦：著作（增刊）》）Frankfurt: Suhrkamp. 1960, pp. 16–20.

Edmonds, D., & Eidinow, J., 2001. *Wittgenstein's Poker: The Story of a Ten-Minute Argument Between Two Great Philosophers*.（《维特根斯坦的火钳：两位大哲之间的十分钟争吵》）New York: Harper Collins.

Erbacher, C., 2010. »A Note on the History of F. A. von Hayek's Unpublished ›Sketch of a Biography of Ludwig Wittgenstein‹«.（《关于F. A. 冯·哈耶克未出版的〈路德维希·维特根斯坦小传〉之历史》）In: R. Heinrich, E. Nemeth and W. Pichler, eds. *Bild und Bildlichkeit in Philosophie, Wissenschaft und Kunst*（= Papers of the 33rd International Wittgenstein Symposiums）.（载于《哲学、科学和艺术中的意象与意象性》［第三十三届维特根斯坦国际研讨会论文集］）Kirchberg am Wechsel: ALWS, pp. 76–79.

Ferrater Mora, J., 1952. »Wittgenstein oder die Destruktion«.（《维特根斯坦还是毁灭》）*Der Monat* 41, pp. 489–495. 重印于：*Ludwig Wittgenstein: Schriften: Beiheft*。（《路德维希·维特根斯

坦：著作（增刊）》）Frankfurt: Suhrkamp.1960, pp. 21–29.

Feyerabend, P., 1995. *Killing Time. The Autobiography of Paul Feyerabend.*（《消磨时间：保罗·费耶阿本德自传》）Chicago: The University of Chicago Press.

Gasking, D. A. T., & Jackson, A. C., 1951. »Ludwig Wittgenstein«.（《路德维希·维特根斯坦》）*The Australasian Journal of Philosophy* 29, pp. 73–80.

Hayek, F. A. v., 1929. »Gibt es einen Widersinn des Sparens?«.（《储蓄有不合理之处吗？》）*Zeitschrift für Nationalökonomie* 1, pp. 387–429.

Hayek, F. A. v., 1931a. *Prices and Production.*（《价格与生产》）London: Routledge and Sons.

Hayek, F. A. v., 1931b. »Reflections on the Pure Theory of Money of Mr J. M. Keynes«.（《对J. M. 凯恩斯先生纯货币理论的思考》）*Economica* 33, pp. 270–295.

Hayek, F. A. v., 1932. »Reflections on the Pure Theory of Money of Mr J. M. Keynes (continued) «.（《对J. M. 凯恩斯先生纯货币理论的继续思考》）*Economica* 35, pp. 22–44.

Hayek, F. A. v., 1944. *The Road to Serfdom.*（《通往奴役之路》）London: Routledge and Sons.

Hayek, F. A. v., 1952. *The Sensory Order. An Inquiry into the Foundations of Theoretical Psychology.*（《感官秩序：理论心理学基础之探究》）Chicago: University of Chicago Press.

Hayek, F. A. v., 1983. *Transcription of the Oral History Program.*（《口述史项目转录》）University of California.采访是在1978年10月28日进行的，1.16 Tape Buchanan II, side one。University of Califonia, Los Angeles: Department of Special Collections, Young Research Library. 在线资料：http://oralhistory.library.ucla.edu/viewFile.do?itemId=29681&fileSeq=3&xsl=http://oralhistory.library.ucla.edu/xslt/local/tei/xml/tei/stylesheet/xhtml2/tei.xsl# index.xml-body.1_div.1. Accessed 29. 08. 2018。

Hayek, F. A. v., 1977. »Remembering my cousin Ludwig Wittgenstein«.（《追忆我的远亲路德维希・维特根斯坦》）*Encounter*, pp. 20–22. 重印于：Hayek, F.A., 1992. *The Fortunes of Liberalism. Essays on Austrian Economics and the Ideal of Freedom.*（《自由主义的财富：奥地利经济学与自由理想论文集》）Edited by P. G. Klein. London: Routledge, pp. 176–183.

Iaco, M., 2019. »Wittgenstein to Sraffa: Two newly-discovered letters from February and March 1934 «.（《维特根斯坦致斯拉法：新发现的两封1934年2月和3月的书信》）*Nordic Wittgenstein Review* 8 (1), pp. 93–106.

Iven, M., 2009. »»Wittgenstein und ...« Probleme beim Schreiben einer Biographie«.（《"维特根斯坦与……"：论传记写作的难题》）In: N. Immler, ed. *›The making of ...‹ Genie: Mozart und Wittgenstein. Biographien,ihre Mythen und wem sie nützen.* Innsbruck: Studienverlag, pp. 153–164.

Iven, M., 2015. »Er »ist eine Künstelrnatur von hinreissender Genialität«. Die Korrespondenz zwischen Ludwig Wittgenstein und Moritz Schlick sowie ausgewählte Briefe von und an Friedrich Waismann, Rudolf Carnap, Frank P. Ramsey, Ludwig Hänsel und Margaret Stonborough«.（《他"是一位迷人的天才艺术家"：路德维希・维特根斯坦与莫里茨・石里克的通信，以及与弗里德里希・魏斯曼、鲁道尔夫・卡尔纳普、弗兰克・P. 拉姆齐、路德维希・亨泽尔和玛格丽特・斯通伯罗的通信选编》）*Wittgenstein-Studien* 6, pp. 83–174.

Keynes, J. M., 1930. *A Treatise on Money.*（《货币论》）New York: Harcourt, Brace and Company.

Keynes, J. M., 1931. »The Pure Theory of Money. A Reply to Dr. Hayek«.（《纯货币理论：回应哈耶克博士》）*Economica* 34, pp. 387–397.

Lachmann, L. M., 2010. »Austrian Economics under Fire: the Hayek-Sraffa Duel in Retrospect«.（《奥地利经济学受到攻击：回顾

哈耶克与斯拉法的对抗》）In: W. Grassl and B. Smith, eds. *Austrian Economics: Historical and Philosophical Backgrounds*. London: Routledge, pp. 169–180.

McGuinness, B., 1988. *Wittgenstein A Life. Young Ludwig*.（《维特根斯坦传：青年路德维希》）London: Duckworth.

McGuinness, B., 2008. »What Wittgenstein owed to Sraffa«.（《维特根斯坦受惠于斯拉法的是什么》）In: G. Chiodi and L. Ditta, eds. *Sraffa or An Alternative Economics*. Basingstoke / New York: Palgrave Mcmillan,pp. 227–235.

Monk, R., 1991. *Ludwig Wittgenstein–The Duty of Genius*.（《维特根斯坦传：天才之为责任》）London: Vintage.

Morra, L., 2019. »Sraffa, Hume, and Wittgenstein's Lectures on Belief«.（《斯拉法、休谟和维特根斯坦关于信仰的讲座》）*Nordic Wittgenstein Review* 8（1）, pp. 1–24.

Pinsent, D., 1990. *A Portrait of Wittgenstein as a Young Man: From the Diary of David Hume Pinsent 1912–1914*.（《青年维特根斯坦肖像：大卫·休谟·品生特1912—1914年日记选编》）Edited by G. H. v. Wright. Oxford: Blackwell.

Somavilla, I., Unterkircher, A., & Berger, C., eds., 1994. *Ludwig Hänsel–Ludwig Wittgenstein. Eine Freundschaft. Briefe. Aufsätze. Kommentare*.（《路德维希·亨泽尔与路德维希·维特根斯坦——一段友谊：书信、论文与评论》）Innsbruck: Haymon.

Sraffa, P., 1932. »Dr. Hayek on Money and Capital«.（《哈耶克博士论货币与资本》）*The Economic Journal* 42, pp. 42–53.

Stadler, F., 1997. *Studien zum Wiener Kreis. Ursprung, Entwicklung und Wirkung des Logischen Empirismus im Kontext*.（《维也纳学派研究：语境中的逻辑经验论之起源、发展及影响》）Frankfurt / Main: Suhrkamp.

Wittgenstein, L., 1921. »Logisch-philosophische Abhandlung«.（《逻辑哲学论》［德语版］）*Annalen der Natur-und Kulturphilosophie* 14, pp. 185–262.

Wittgenstein, L., 1922. *Tractatus Logico-Philosophicus.*（《逻辑哲学论》［英语版］）London: Kegan Paul, Trench,Trubner.

Wittgenstein, L., 1926. *Wörterbuch für Volksschulen.*（《小学词典》）Wien: Hölder-Pichler-Tempsky.

Wittgenstein, L., 1953. *Philosophische Untersuchungen / Philosophical Investigations.*（《哲学研究》）Edited by G. E. M. Anscombe and R. Rhees. Oxford: Basil Blackwell.

Wittgenstein, L., 1961. *Notebooks 1914–1916.*（《战时笔记：1914—1916》）Edited by G. H. von Wright and G. E. M. Anscombe. Oxford: Basil Blackwell.

Wittgenstein, L., 1967. *Ludwig Wittgenstein und der Wiener Kreis.*（《维特根斯坦与维也纳学派》）Edited by B. F. McGuinness. Oxford: Basil Blackwell.

Wittgenstein, L., 1971. *Prototractatus. An Early Version of Tractatus Logico-Philosophicus by Ludwig Wittgenstein.*（《原逻辑哲学论：维特根斯坦〈逻辑哲学论〉的一个早期版本》）Edited by B. F. McGuinnes, T. Nyberg, and G. H. von Wright. London: Routledge and Kegan Paul.

Wittgenstein, L., 2011. *Gesamtbriefwechsel–Innsbrucker elektronische Ausgabe, 2nd release.*（《维特根斯坦通信全集（因斯布鲁克电子版，第二次发行）》）Edited by A. Coda, G. Citron, B. Halder, A. Janik, U. Lobis, K. Mayr, B. F.McGuinness, M. Schorner, M. Seekircher and J. Wang for the Forschungsinstitut Brenner-Archiv. Virgina: Intelex.

Wright, G. H. v., 1942. »Georg Christoph Lichtenberg als Philosoph«.（《哲学家乔治·克里斯托夫·利希滕贝格》）*Theoria* 8, pp. 201–217.

Wright, G. H. v., 1954. »Ludwig Wittgenstein. En biografisk skiss«.（《路德维希·维特根斯坦简传》［瑞典语版］）*Ajatus* 18, pp. 5–23.

Wright, G. H. v., 1955. »Ludwig Wittgenstein. A Biographical Sketch«.（《路德维希·维特根斯坦传略》［英语版］）*The*

*Philosophical Review* 64, pp. 527–545.

Wright, G. H. v., 1982. *Wittgenstein*.（《维特根斯坦》）Minneapolis, MN: University of Minnesota Press.

# 编者说明

本书编校的原始文献收藏于芬兰赫尔辛基大学冯·赖特与维特根斯坦档案馆（第III区，传记，42）。文献材料上有格奥尔格·亨里克·冯·赖特手写的批注："简传最终版，收到日期1967年3月6日。保密，不得出版。"本书在转录过程中保留了冯·哈耶克底稿中的修改、删除和拼写错误，希望有助于读者更好地理解这份未完稿；少量明显的拼写错误被校正。本书没有更正原稿中的事实错误。原稿在打字机上完成。行文中的脚注均来自冯·哈耶克本人。编者在尾注中对冯·哈耶克转录原始资料时的错误进行了校正。冯·哈耶克援引的资料现均已出版；若在尾注中没有另行注明，则资料均出自：《维特根斯坦通信全集（因斯布鲁克电子版，第二次发行）》（2011年）。

# 译者说明

本书主要译自英语，书中的德语通信则均直接译自德语。对哈耶克底稿及维特根斯坦通信中出现的拼写错误，译者在尾注中做了注释。原书保留了哈耶克底稿的排版及其分行、分段和分页。鉴于译成中文后句子长度不同，以及考虑到读者的阅读体验，本书没有保留原稿排版的分行和分页，但用页边码标注了传记原稿的页码。本书编者艾尔巴赫在导言中提到的较为权威完整的维特根斯坦传记——瑞·蒙克的《维特根斯坦传：天才之为责任》——已有中文译本[①]。本书参考了该译本对人名、地名及专有名词的翻译，以方便读者。

① 参见瑞·蒙克：《维特根斯坦传：天才之为责任》，王宇光译，浙江大学出版社，2011 年。

# 未完成的路德维希・维特根斯坦简传

弗里德里希・奥古斯特・冯・哈耶克 1953 年著，

后来有所更正和补充，仅供私人传阅

路德维希·维特根斯坦1889年4月26日生于维 1
也纳，是一个家族的幼子，在各方面都极具才华。[①]

他的祖父是一位来自萨克森的犹太羊毛商，娶了一个门当户对的千金小姐，女方的家族落户维也纳，是那里的银行家，以艺术赞助人的身份和本身的音乐天赋闻名。结婚不久二人便也搬到了维也纳；在那里，路德维希的父亲卡尔·维特根斯坦长大成人，并成了旧时奥地利最显赫的实业家之一。这位年轻人天赋异禀、固执任性，早早就反抗父母努力为他精心规划的古典教育，十七岁那年因违纪被一所名校开除，随后由家庭教师管教，这让他离家出走去了美国，通过这种方式来摆脱父权。

家里人几个星期以后才得知卡尔跑到了纽约，身上只带了一把小提琴，在那里当服务员和酒保，后来

---

① 我在这本简传里充当的主要是从别人那里搜集信息的角色。我之所以这样做是因为作为路德维希·维特根斯坦的远亲（他是我的表亲），我同他一样从奥地利移民英格兰，因此我至少了解这两个国家的背景，而且也认识不少他的朋友。但是，尽管我在近三十年的时间里见过他很多次，我对他却不甚了解。

我曾向为我提供信息的几位朋友保证，在发表任何文字之前会先让他们读到一份草稿——其实这份草稿的主要目的，就是作为一个总体框架，由维特根斯坦生前好友的评论填充，而不是以这种形式出版。但是由于我从未完成这份草稿，所以我也从未按原计划将之传阅以获允和收到评论。（哈耶克原注）

2 靠教小提琴、数学和德语为生。两年后他返回维也纳，在高等技术学校进行了短期学习，并在各种工程公司里做见习。某位亲戚给了他一份在波希米亚新建的轧钢厂当建造工程绘图员的工作，这份工作为他带来了大好机会：二十五岁入职，他很快就几乎掌管了施工指挥的任务，四年后升迁为新厂房的总经理。接下来的十年他成为奥地利最大钢铁企业的领头人，并且变成奥地利最富有的人之一。他的进一步崛起让人联想到美国的一些工业领袖，在同时期的欧洲商人里面这种情况极为罕见。他职业生涯中的关键几步包括较早获得托马斯转炉炼钢法的专利，以及组织奥地利的第一个钢铁行业卡特尔。五十岁刚出头、幼子才九岁的时候，卡尔就退居二线，不再负责具体事务。他不仅是一个精力充沛、组织能力超强的人，他的智性和艺术天赋也同样不容忽视：他生前偶尔发表过的有关经济政策的文章和讲座在他身后被汇编到了一起[1]，它们在表达方式上展现出来的清晰与简洁，让有些朋友认为在智性风格上与他的哲学家儿子如出一辙。后者自然继承了父亲的某些秉性，而且对父亲的忠诚胜过了对其他任何家庭成员。

---

① 卡尔·维特根斯坦：《报刊文章与讲座》，私人印刷，维也纳：1913 年。（哈耶克原注）

卡尔·维特根斯坦早早就结了婚，太太是一位维也纳银行家的千金，一个来自施蒂里亚（Styria）的姑娘，以她自己的方式非凡出众：她性格温柔，同丈夫一样热爱音乐；因为她，维特根斯坦府成了维也纳音乐生活的中心，约翰内斯·勃拉姆斯是这个家庭的常客。

二人共育有五子三女，但这位父亲还是不幸地看 3
到自己的两个儿子自尽：其中一个是长子，被公认为音乐天才；另外一个儿子是奥地利部队里的军官，1918年奥匈帝国瓦解时由于他手下的士兵拒绝服从命令，于是也自杀身亡。四子名叫保罗，一战前已是小有名气的钢琴演奏家，战争中失去右臂，但是凭借不可思议的毅力学会了单手弹奏，并成功重返演奏舞台。长女是才华横溢的画家，终身未婚，在某种程度上继承了家族传统，成为维也纳的艺术赞助人。尽管她比路德维希年长十四岁，但直到二人生命的最后，她却是路德维希联系最多的家庭成员。

同家里年长的子女一样，路德维希也是在家接受教育，直到十四岁；教学计划由父亲亲自制定。父亲的规划也许适合同他自己一样立志在社会上飞黄腾达的人，但对他的儿子们却是失败的。特别是路德维希，除了在机械方面表现出高超的本领外（据说他还是小男孩的时候就造了一台缝纫机），对其他学科则既没有展现出多少学习天赋，也没有太多兴趣。当父亲发现他在学业上缺乏进展后，最终决定送他去公立学校读书；当时的决定是去实科中学（Realschule），这类学校注重数学和物理学科，旨在培养实用职业技能，同时比传统的文理中学（Gymnasium）教育在学制上短一年，而且要求也没有那么严格。由于大家拿不准路德维希是否能通过他这个年龄段的维也纳入学考试，于是便让他尝试去地方学校，后来，他成功考上了位于上奥地利州的林茨实科中学。他在那里待了
4 三年（从 1903/1904 学年到 1905/1906 学年），寄宿在一个当地文理中学的教授家里。这似乎是一段极度不快乐和精神孤独期的开始，它持续了九年，直到路德维希在剑桥大学找到了人生目标和志趣相投的同伴以后才结束。

他十七岁从实科中学毕业。因为实科中学的结业考试只允许他进入工学院学习，所以若想进常规大学，则需要额外工作学习一年。大概是受到了对在学校玩过的飞机构造的兴趣的驱使，路德维希决定学习机械工程，并前往柏林夏洛滕堡工业高等学校（Technische Hochschule）学习。但是，他对在那里度过的一年感到失望，三个学期后，在 1908 年的春季学期，他离开了柏林，并于同年秋季学期在英国曼彻斯特大学工

程系注册为研究生。

## 在曼彻斯特的日子

信息由W. 埃克尔斯与W. 梅斯提供[1]

初次去剑桥之前，维特根斯坦在曼彻斯特生活了几年，人们至今对他这一时期的生活知之甚少。唯一可知的信息是，他在十九岁那年从柏林夏洛滕堡工业高等学校来到曼彻斯特学习工程技术，以及他大约在此一年前离开了维也纳。1908 年秋季，他在曼彻斯特大学工程系注册成为研究生，根据学校记录，他在该系从 1908 年待到 1910 年。

今年（1954 年）2 月 1 日，一位作者（W. 梅斯）为答复《曼彻斯特卫报》的一封信，接到了维特根斯坦生前的一位老朋友（W. 埃克尔斯）的电话，这位朋友说他能提供维特根斯坦在曼彻斯特时期的信息，于 5
是便有了他们两人合写的这篇文章。原工程系的 J. 巴姆伯（J. Bamber）先生与现任副系主任 C. M. 梅森（C. M. Mason）先生提供了其他信息。对校方记录的进一步调查显示，维特根斯坦 1910 和 1911 年连续两年被学校理事会推选为研究生奖学金获得者。而且我们还知道 1911 年他住在帕拉丁（Palatine）路 104 号。

维特根斯坦来曼彻斯特显然是为了从事航空学方面的研究，但他为何开始对这个学科感兴趣，我们却不得而知，不过他到曼彻斯特时带了一些早期气球的图片，它们现在归 W. 埃克尔斯所有。这些图片最近得到了英国皇家航空学会的鉴定，它们似乎并没有维特根斯坦以为的那么重要。

W. 埃克尔斯初次见到维特根斯坦是在 1908 年的夏天，在格洛索普的梅菲尔德路边的松鸡客栈。维特根斯坦来这里的目的是使用风筝飞行高空站的仪器做风筝实验，该工作站由曼彻斯特大学物理系教授舒斯特博士（Dr. Schuster）掌管。在一张大约摄于 1908 年的照片上，维特根斯坦和埃克尔斯各手持一只实验风筝，背景是松鸡客栈。

他们一起住在松鸡客栈，各自做着自己的实验工作。维特根斯坦比埃克尔斯早到些，埃克尔斯在公共休息室里见到维特根斯坦时，后者四周全是书和纸，堆放在桌子上，并散落了一地。想不碰到它们在房间里走动是不可能的，于是埃克尔斯开始动手收拾起来，这让维特根斯坦很开心，事后也很感激他。这是他们之间亲密友谊的开始。

维特根斯坦初次到曼彻斯特的时候非常富有，虽然他从未炫过富，但他对自己想要的东西却从不犹豫。

比如 1910 年曼彻斯特的一个周日早上，他突然决定
要去布莱克浦，于是便同埃克尔斯一起动身去了火车 6
站。尽管被告知没有合适的火车，但这并没有阻止他，他说他会考虑订一趟专列，这在当时是完全可能的。他被劝说不要这样做，于是二人改乘出租车去了利物浦，在那里坐了渡船[2]，之后返回曼彻斯特。

他的风筝实验工作并没有持续多久，因为他很快意识到除非有某种适用的飞行器引擎，不然设计飞机没有多大用处。非常幸运的是，他的实验引擎设计方案被保存了下来。我们从中获知，他如何想到在每个螺旋桨叶片的尖端生成一股喷射流。不过，他很快便意识到，燃烧室及其热气排放喷嘴的设计才是关键，这让他将自己的兴趣从格洛索普沼地转移到了工程系的实验室，他在那里让附近的 M. 库克（Messrs. Cook）工厂为他铸造了一台可变容量燃烧室，并订制了各种燃料喷雾和气体排放喷嘴。

整个装置工艺精湛、实用，顶部排放喷嘴排出的热气流被设置喷射到一个导流板上，用于测量其反作用力。该设备运行顺利，然而，还没怎么用它做实验，维特根斯坦就对螺旋桨的设计产生了兴趣，由于这引向了一个纯数学处理的问题，所以他对数学的兴趣得到了发展，而螺旋桨的设计最终被淡忘了。

值得一提的是，维特根斯坦有关燃烧室和螺旋桨叶尖正切反应器喷嘴的想法，在二战中被奥地利设计师道比霍格（Doblhog）用到了直升机的旋翼桨叶
7 上，如今被英国费尔雷航空公司的喷气式旋翼机（Jet Gyrodyne）及其他设计师所采用。

巴姆伯先生写道，他仍记得维特根斯坦当年做的气体燃烧实验。“他经常忽略午饭休息时间，连续干到晚上，回到法洛菲尔德的住处以后，他的消遣是在非常烫的水里泡澡放松……他有极高的音乐欣赏水平，只喜欢那些深奥的作曲家，比如瓦格纳、贝多芬、勃拉姆斯等。我偶尔陪他去听哈雷交响乐团的音乐会，他通常整场音乐会一言不发，完全沉浸其中。”

梅森先生说，1909 年秋在完成赴国外任职的安排的同时，“我帮维特根斯坦安装了一批他从物理系搬到工程系新研究实验室里来的重型机器。这台重型压缩机是他为高压气体研究而准备的。在我的记忆里他是个讨人喜欢、有干劲的人，不太习惯操作和组装工程机械。他是个很让人舒服的同伴。看到他对音乐的热忱，总会令人喜悦。我仍清楚地记得，当我说出他

钟爱的音乐家帕德雷夫斯基①的名字时他对我的发音作出的反应”。

维特根斯坦经常聊起家具和房屋的设计。他无法忍受为了装饰而装饰，与埃克尔斯住在一起的时候，他把他房间墙上的挂画全部摘了下来，把日常装饰品全部清空，仅剩下一张床和一把椅子。与此同时，他喜欢用纯色雅致地点缀他的房间，他最喜爱的组合是纯蓝地毯、黑色木制家具、金色墙壁和白色天花板。

维特根斯坦是埃克尔斯家的常客。埃克尔斯家里的大多数成员和其他有机会认识维特根斯坦的人都很喜欢他。在一张大约摄于这段时间的照片上，维特根斯坦是一个面带微笑的英俊小伙子。每当旁人不理解他思索[3]的事情时，维特根斯坦通常都会一个人安静 8
地待着。有时，他的沉默会显得有些粗鲁，但这绝不是他的本意，事实上，如果他觉得自己对任何人表现出一丝粗鲁，他都会感到非常自责。

维特根斯坦写给埃克尔斯的若干信件和明信片仍由后者保管。它们大多涉及家庭和个人事务，不过也

---

① 伊格纳西·帕德雷夫斯基（Ignacy Jan Paderewski, 1860—1941），波兰著名钢琴家、作曲家、政治家、外交家，1919年出任波兰总理，并兼任外交部长。译者注。

提到了维特根斯坦1930年当选剑桥三一学院研究员，以及1939年被聘为哲学系教授等事。

1925年的一两封信谈及他身上发生的变化。他担心横亘在他的英国朋友与他之间的内外部重大事件会阻碍他们彼此的理解。在回答埃克尔斯邀他赴英时，他写道："英格兰可能自1913年以来没有变化，可是我变了。然而，我无法向你解释这一变化的确切性质（尽管我完全理解它），所以写信跟你谈此事是没有用的。等我到了，你会亲眼看见的。"埃克尔斯夫人记得，当维特根斯坦果真去曼彻斯特同他们住在一起时，他请她去找一本《逻辑哲学论》来，显然他还没看到自己的书，尽管它三四年前就出版了。但是曼彻斯特的书商都无存货！最后他们想到了大学图书馆，于是从那里借了一本。

（以上是W.埃克尔斯与W.梅斯提供的信息）

----

1911年初，维特根斯坦似乎第一次去了挪威——
9 日后他经常在那里隐居。[4]在此期间，他好像不仅对

数理逻辑产生了兴趣，而且还结识了戈特洛布·弗雷格[5]（见面还是写信？）。没有证据显示他曾在耶拿师从弗雷格，他绝对没有在耶拿大学注册过，那段时间也没有去耶拿拜访过弗雷格。维特根斯坦日后向多名好友提起过，正是弗雷格建议他去剑桥师从伯特兰·罗素的。

维特根斯坦可能于 1911 年秋来到剑桥①，尽管他直到 1912 年的第一个学期才被三一学院录取。在这个学期，他去听了罗素的数学基础课和 G. E. 摩尔的心理学课，并很快与这两位比他（维特根斯坦当时二十三岁）分别年长十七岁和十六岁的导师交好。罗素在哲学刊物《心》上回忆道，（他）“起初拿不准（维特根斯坦）究竟是个天才还是个怪人，不过很快就决定选择了前者。他的一些早期观点阻碍了这一决定”②。摩尔似乎更早便对维特根斯坦有了好印象，称他是“在（他）课上唯一一个满脸困惑的学生”③。维特根斯坦很快就开始经常去罗素和摩尔的住处拜访他们，而他们也经常去他寄宿的玫瑰弯月街看他。来到剑桥的第一个春天，

① 根据罗素的记载，他和维特根斯坦在剑桥的初次见面是在 1911 年 10 月 18 日，秋季学期开始后不久。译者注。

② 参见伯特兰·罗素：《讣告：路德维希·维特根斯坦》，载于《心》，1951 年，第 60 期，第 297—298 页。

③ 同前。

维特根斯坦大部分时间都在心理实验室里做实验，研究节奏在音乐中的分量与重要性。该实验并没有如他所愿阐明美学的问题，但确实得出了一个有趣的结论，即在某些情形下，所有实验对象在某些音符上均听到了实验机器实际上并没有给出的重音。

通过罗素，维特根斯坦很快结识了三一学院一位比他小两岁、同样对哲学和音乐感兴趣的数学系学生——大卫·品生特（David Pinsent）。品生特的日记[6]为我们提供了有关维特根斯坦接下来两年活动的主要信息。①一开始，5月间，品生特是维特根斯坦的实验对象。不过根据品生特的记录，维特根斯坦不久便开始认真研究起哲学来。一天夜里在罗素的住处讨论问题时，品生特发现

> 维特根斯坦很有意思：他正在这里攻读哲学，可才只是刚刚开始系统地研读；他极其天真地诧异道，所有他曾因无知而崇拜的哲学家归根结底都愚蠢无知[7]，且犯下过令人憎恶的错误。

---

① 这本日记现在由品生特的姐姐——H. A. 阿德里安女士——保管，她友好地为我们提供了与维特根斯坦相关的段落摘录。（哈耶克原注。此注原文删除了阿德里安姓氏前的“夫人”称谓。）

二人认识刚满一个月，维特根斯坦就邀请品生特9月份陪他一起去冰岛旅行，费用由维特根斯坦的父亲承担，这让品生特大为吃惊。接到这份突然邀请后的第二天，二人去听了一场音乐会，随后来到维特根斯坦的屋子里，品生特发现

> 他很健谈，告诉了我很多他的事；他说他九年来，直到去年圣诞节，都在忍受着可怕的孤独（精神上的，而非肉体上的）[8]；他说那时他一度想自杀，并为自己不敢下手而感到羞耻；他说曾有“一个声音暗示他在这个世界上是多余的”，但他刻意不顾这个声音。他被培养学习工程学，但他对此既无兴趣也无天赋。直到最近他才尝试哲学，并来到这里跟随罗素学习。我知道，罗素对他的评价很高；罗素曾被他指正过，并被他说服，承认自己（指罗素）在一两点哲学问题上有误；罗素并不是这里唯一一位被维特根斯坦说服，承认自己有错的哲学教授。维特根斯坦几乎没有什么兴趣爱好，这颇能解释他的孤独。一个人的成长不能完全靠学位考试这种宏大的追求。不过他相当有趣和令人愉快：我想他现在已经完全克服了他的病态。

罗素[9]6月份不在剑桥，而维特根斯坦则一直在那里待到7月中旬，并很快开始给罗素写信：

11 “亲爱的罗素先生，”他的第一封信如此写道，“我极想给你写信，尽管我没什么可说的。我刚刚读了一部分摩尔的《伦理学原理》（请不要感到惊讶），我一点也不喜欢它。（注意，这与我不赞同书中的大部分内容无关。）我认为——或者毋宁说，我确信——它无法[10]企望同弗雷格或者你自己的著述相提并论（也许除了《哲学论文集》里的几篇）。摩尔几十遍地重复着自己，他用三页纸说的话——我相信——可以轻而易举地用半页纸就表达清楚。不清晰的陈述不会因为重复而变得清晰！！6月7号的音乐会极好，要是你也去听就好了。无须赘言我非常想念你，希望知道你过得怎样。路德维希·维特根斯坦”

紧接着又有一封6月22日的信：

亲爱的罗素，——一个人的生命中有[11]美好的事情发生，比如收到[12]你的来信（为此非常感谢）。下面这件事却不怎么美好：我

> 和迈尔斯就逻辑学与心理学的关系问题有过一次争论。我非常坦诚，我相信他一定以为我是史上最傲慢的恶魔。可怜的迈尔斯夫人，她也在场，我想她肯定非常恼火[13]。但我认为，争论完以后他没有以前那么困惑了。——我现在一有时间就读詹姆斯的《宗教经验之种种》。这本书给了我很多帮助。我的意思不是说我快变成圣徒了，但我不敢说它没令我在一条我想要改进很多的道路上改进了一点点，即我认为它有助于我摆脱 Sorge［忧愁］（歌德在《浮士德》第二部中使用该词时的意义）。逻辑学尚未定型，但有一点[14]于我而言越来越明确：逻辑命题只包含表面[15]变元，不管什么会是表面[16]变元的正当解释，其[17]结果必定是没有[18]逻辑常项。逻辑学必然将会成为一种与其他任何科学都截然不同[19]的学科。
>
> 你寄给我的诗行[20]极好。请快回剑桥吧。[21]

维特根斯坦这年夏天还给罗素写了另外四封较短的信，先是从剑桥，后来从奥地利寄出，它们几乎仅涉及他当时正在思考的逻辑问题。在离开剑桥、前往下奥地利州的家族庄园度过剩下的 7 月和 8 月之前， 12

他在一场心理学聚会上朗读了自己的研究论文，并开始为位于三一学院惠韦尔公寓的屋子购置家具，他下个学期就要入住那里。品生特帮他一起购置，并称这些购物之行相当好玩：

> 他挑剔极了，我们让店堂伙计很头疼，对店堂伙计展示[22]给我们的百分之九十的东西，维特根斯坦都叫道："不——太恐怖了！"

9月初，维特根斯坦与品生特在伦敦碰头，然后一起去冰岛旅行。他们在冰岛度过了两周的时间，骑着矮种马周游，享受着金钱能买到的尽可能的舒适。维特根斯坦虽然有些挑剔，时而暴躁，但在这次"不惜成本"的旅行中，他确实给了自己的年轻同伴一段愉快的时光：这个由八匹矮种马、两个小伙子和他们的向导组成的"庞大马队"招来了其他普通游客的冷眼。反之，维特根斯坦偶尔会对某个陌生人产生强烈的反感，以至他们宁愿让人把膳食送到他们的房间里来，也不去冒险与讨厌的人共用一张桌子。他还

> 极度憎恶一种对待残酷和苦难的态度，他称

> 之为非利士人[23]（Philistine）①作风——一切冷漠无情的姿态——并且还以此指责吉卜林。他以为我同情这种态度。

另一次：

> 维特根斯坦就非利士人[24]的话题又谈了不少，在不同的场合——他把这个名称给了所有他讨厌的人：我觉得我表达的某些观点让他以为我有些像非利士人（与实际事务相关的观点，而非哲学观点——比如此时代比之过去时代的优越性等）[25]，他颇感困惑，因为他不认为我真是个非利士人——我也不认为他讨厌我！他说只要我年纪再大些就会有不同的想法，以此来让他自己释怀。

晚上，维特根斯坦把他的逻辑新想法解释给品生特听，他们回到剑桥两三个礼拜后，品生特记录道：

> 维特根斯坦向我解释了他对一个问题新发现 13
> 的解决方案（是在他最根本的符号逻辑领

① 此处及下文的Philistine多为首字母大写，因此直译为非利士人，而没有译为通常的引申义如“市侩、庸人”等。译者注。

域）[26]，这个问题在冰岛时非常困扰他，那时他只给出了一个权宜之计的解决方案。他的新方案相当不同，考虑更全面，倘若合理，将会革新符号逻辑的许多方面：他说罗素觉得它合理，但说没人会理解它——可是我觉得我是理解的（！）。假如维特根斯坦的方案可行，他将是第一个解决困扰罗素和弗雷格多年的问题的人：它同时也是最巧妙、最令人信服的解决方案。

回到剑桥后，维特根斯坦在三一学院惠韦尔公寓的新住处安顿了下来，他经常见摩尔和罗素，并结交了一些新朋友，包括 W. E. 约翰逊、A. J. 多沃德（Dorward）、数学家哈代（Hardy）和李特尔伍德（Littlewood），特别还有 J. M. 凯恩斯。摩尔教授就这一时期写道：

> 1912年10月学期初，他又来听我的一些心理学课，但对它们很不满意，因为我花了大量时间讨论沃德的观点，即心理学与自然科学在对象上并无差异，不同的只是视角。他告诉我这些课很糟糕——说我应当讲我自己的思考，而不是讨论别人的思考；他不再来听我的课了。但这并不妨碍他经常来看我。

> 这个学年初，他非常急于改进我们的哲学学会——“道德科学俱乐部”——的讨论，在秘书和我的帮助下，他居然说服了俱乐部采用一套新规定，并任命我当主席。他自己也参与了不少讨论。
>
> 这一年维特根斯坦和我都仍去听罗素的数学基础课；而他还是习惯傍晚跑到罗素那里待几个钟头跟他讨论逻辑。[27]

摩尔教授回忆道，大约也是这年秋天，维特根斯坦

> 被安排接受W. E. 约翰逊的逻辑课辅导；但是约翰逊很快就发现W. 花很多时间去解释他自己的观点，这让他（约翰逊）感觉更像是W. 在辅导他，而不是他辅导W.；于是约翰逊很快便结束了这项安排。[①]

然而，这并没有阻止维特根斯坦匿名向约翰逊每 14
年提供200英镑的补贴，以帮他减轻教学任务，好让他有更多的时间搞研究。这件事的细节由凯恩斯与维特根斯坦的父亲安排，这样一来约翰逊就不会知道资

---

① 这段话出自摩尔教授致笔者的一封信。（哈耶克原注）

金的来源。[①]

在年轻人当中，似乎唯有品生特与维特根斯坦维持了亲密伙伴关系。他们经常一起出去骑马，一起听很多音乐会，或在品生特的屋子里弹奏音乐。品生特是一位出色的钢琴家，而维特根斯坦则吹他擅长的口哨伴奏。将维特根斯坦同其他同龄人撮合到一起的尝试通常都不成功。品生特记录的下面这个故事相当典型：在维特根斯坦那里喝茶的时候，

> 一个名叫F. 的人[28]也来了，维特根斯坦不喜欢他，认为他不诚实：维特根斯坦非常激动地努力诱导他去读一些关于精确科学的好书，看看诚实的思想是怎样的。他说这显然对F. [29]——实际上对任何人都——有好处。不过维特根斯坦非常霸道，让F. [30]准确地知道他对F. 的看法，说话语气完全像是他的督学！F. [31]统统领教了——他显然深信维特根斯坦是个疯子。

整个秋季，维特根斯坦不断收到家里的坏消息，

① 参见R. F. 哈罗德（R. F. Harrod）：《约翰·梅纳德·凯恩斯的一生》，第162页。（哈耶克原注）

这令他很不安。他的父亲患癌症已有一段时间，经历了进一步的手术治疗。于是，学期一结束，维特根斯坦就离开剑桥前往维也纳，并在途中到耶拿拜访了弗雷格。12 月 26 日，他从维也纳致信罗素：

> 到这里以后我发现我父亲病得很重。他康复的希望渺茫。这种情况恐怕[32]让我没有能力思考，尽管[33]我努力与之抗争，但我的思绪仍很混乱。
>
> 我与弗雷格就咱们的符号理论进行了长谈，我认为他大致理解了它的要点[34]。他说他会认真思考这个问题。复合物（complex）问题现在于我更清晰了，我非常希望可以解决它。真希望知道你过得好吗，你的日子过得怎样，还有关于你的一切。

继 1913 年 1 月 6 日的一封短笺，他于 1 月 16 日[35] 15
再一次致信罗素[36]：

> 非常感谢你上两封友好的来信！我仍无法告知何时才能回剑桥，因为大夫们仍不确定我父亲的病情还会持续多久。他没有任何疼痛，但持续的高烧让他总体感觉非常糟。这

让他非常萎靡，以至坐在他床边也无法给他带来什么好处。鉴于这本是我唯一能为他做的事情，所以现在我在这里百无一用，因此我留在这里的时间完全取决于他的病情是否[37]会迅速恶化，离开维也纳是否会冒风险。我希望能在一周内作出决定，我也是这样告诉弗莱彻的。

我改变了对“原子”复合物（“atomic” complexes）的看法。我现在认为性质、关系（如爱）等均为系词！这意味着以分解主谓命题为例，比方说把“苏格拉底是人”分解成“苏格拉底”和“什么人”[38]（我认为这不是复合物）。这里的原因是根本的：我认为不可能有不同类型的东西！换言之，任何可以用单纯专名作为符号标示的事物都必属一类。进一步讲：对于每一种类型论，都一定有一种适当的符号[39]理论使之成为多余：比方说假如我把命题“苏格拉底是有死的”分解为苏格拉底、有死的和（xy）E（xy）。我需要[40]一种类型论来告诉我，“有死的是苏格拉底”是无意义的，因为只要我把“有死的”当作一个专名（如我所做的那样），就没有任何东西能阻止我做出这种错误的代入。[41]

然而，我最[42]有把握的并不是目前这种分析方式的正确性，而是这样一种事实，即所有类型论[43]必定要被一种符号[44]理论所摒弃，它表明，看上去不同种类的事物要由不可能代入彼此位置[45]的不同种类的符号进行标示[46]。我希望我已经把它说清楚了。

我很想听听你对物（matter）的想法[47]，尽管[48]我无法想象你从感觉材料（sense data）[49]出发的思考方式。

马赫的写作风格太恐怖了，读他几乎让我恶心；不过，我很高兴你对我的[50]同胞评价如此之高。[51]

维特根斯坦的父亲1月20日[52]去世，次日他致信罗素：

他的死是我能想象的最美好[53]的死亡；连最轻微的痛苦也没有；像个孩子般睡了过去！在这最后的全部时间里，我一刻也没有感到悲伤，而是最大的快乐[54]，我认为这种死亡

> 配得上整个一生。

16 维特根斯坦几天后返回剑桥，接下来的几个月，品生特的日记再次成为我们的主要信息来源。2 月 4 日，正当维特根斯坦在品生特的屋子里时，

> 罗素出现了——来通知我他对课堂时间做的一些改动——然后他跟维特根斯坦聊了起来——后者解释了他在逻辑原理上的一个最新发现——我猜这是他今天早上才想到的，这个新发现似乎相当重要，并且也很有意思。罗素默许了他说的东西，一声没吭。

过了几天，品生特试着

> 将（维特根斯坦）[55]刚完成的一篇关于逻辑的书评翻译成英语：他用德语写的书评，并给了我一份翻译初稿。不过这项工作很难——德语的句法与法语的[56]很不一样，我猜。而且他坚持要求直译。

春天的时候，除了罗素和摩尔，维特根斯坦还与凯恩斯越走越近。品生特试图教维特根斯坦打网球，尝试失败以后，二人继续经常一起去听音乐会，有时

去河边郊游。不过品生特这年春天（5 月 15 日）记录下来的唯一值得一提的事情是：

> 维特根斯坦接受了催眠——由这里的罗杰斯医生实施催眠术。想法是这样的。在催眠的恍惚状态下，我相信，人确实能施加特殊的肌肉作用力：所以为何特殊的精神作用力不行呢。[57]所以当他（维特根斯坦）进入恍惚状态后，罗杰斯被要求问他一些他没搞清楚[58]的逻辑方面的问题（尚未有人成功澄清的某些未定之论）：维特根斯坦[59]希望到时他就能看明白了。这听起来很疯狂。
>
> 维特根斯坦[60]已经接受了两次催眠——但直到第二次见面快结束时，罗杰斯才成功地令他入睡：然而，一旦做到，他却做得如此彻底，以至花了一个半小时才又完全唤醒维特根斯坦。维特根斯坦[61]说他一直都有意识——能听到罗杰斯说话——但却彻底失去了意志和力气：不能理解对他说的话——不能施加肌肉作用力——感觉就像被麻醉了。告别罗杰斯后有一个小时他都感觉很困。总之，这是件奇妙的事情。对此不可能有“自我暗示”——因为当维特根斯坦发现[62]自己变

得昏昏欲睡，或诸如此类时，他压根儿就不
17 认为罗杰斯真在试图给他催眠：——就在一
次尝试失败后，他（维特）以为这次见面结
束了，正要准备离开时——就在离开前聊了
会儿其他事情的时候。

1913年夏，维特根斯坦大部分时间都待在霍赫海特乡下（下奥地利州霍恩贝格附近）的家族庄园，并不时写信给罗素，讨论自己进展顺利的工作：

> 我的问题现在变得日益清晰，我抱有希望[63]。我的一切进展均源于这样一个想法，即逻辑的不可定义项具有一般性（与所谓的逻辑定义具有一般性同理），而这又源自对真实变元的摒弃。也许你会嘲笑我此刻如此兴奋：[64]但是尽管[65]我连一个[66]问题都还没解决，我却感到比以往任何时候都更加接近它们的答案。
> （7月22日）

维特根斯坦在接近夏末的时候再次邀请品生特陪他一起去旅行，原计划是去西班牙。但当他们8月底在伦敦碰面的时候，维特根斯坦却明显表现出更想去挪威，品生特欣然同意。维特根斯坦张口闭口都是他刚完成的工作，立即就向品生特解释起

> 他在逻辑方面的最新发现。它们真的很厉害，解决了他去年一直在研究却没得出满意答案的所有问题。他总是把他正在思考的问题解释给我听，所以看到他如何逐渐发展出他的理论是件无比有趣的事情，每个想法都提出一个新方案，并最终通向了他刚刚发现的体系——他的新发现简单并且巧妙得令人惊叹，看上去澄清了一切。当然他推翻了罗素的很多东西——不过罗素应该是最不会憎恨此事的人，其实他的作品的伟大之处不会因此而遭受多大影响，因为显然维特根斯坦是罗素的一名弟子，从他那里受益匪浅。但是维特根斯坦的思考确实令人惊叹——我的确相信哲学的泥淖终于结晶出一套严密的逻辑理论——哲学里唯一一些人[67]可能知道点什么的部分。[68]

四天后，就在维特根斯坦回了一趟剑桥、去马尔 18
伯勒拜访了怀特海一家并在伦敦拜访了罗素以后，品生特继续写道：

> 看来罗素和老怀特海都对他最近的逻辑工作兴致勃勃。有可能《数学原理》的第一卷需

要被重写，而维特根斯坦本人可能会重写前十一章。那对他将是一次辉煌的胜利！

8月30日，这两个伙伴起航驶向克里斯蒂安尼亚（现在的奥斯陆），从那里继续乘火车前往卑尔根。他们在那里打算

找一家小旅馆，在某个峡湾里，坐落于[69]舒适的乡间，没有其他游客（维特根斯坦[70]对最后一点非常坚决）。

人们推荐[71]了哈当厄尔峡湾（Hardanger Fjord）的奥斯德胥（Öistesjö）：

这是一个小村子，坐落在一个背靠山的小峡湾里。

他们乘蒸汽船花了几个小时到达那里，对该地感到满意，并在那里待了三个星期多一点，维特根斯坦研究他的逻辑，品生特研究他的法律，白天有时一起驾帆船出海，晚上玩音乐（大部分是舒伯特的歌曲，品生特弹钢琴，维特根斯坦吹口哨）和多米诺骨牌。起初维特根斯坦

> 真的极为神经质：今天晚上他甚是自责，表达了最令人怜悯的自我嫌恶。起初他很令我厌烦——在我看来，他的情绪既愚蠢又自私。但事后我却只能同情他——显然他完全无法控制这些情绪的发作。我只希望户外生活[72]能让他好起来：眼下可以毫不夸张地讲，他就像贝多芬那类人一样糟糕（就那种神经质的敏感而言）。他甚至谈到自己有时会想到自杀。

不过他很快就恢复了常态，最后还说他从未这样
享受过假期。工作进展顺利。他们抵达后的第二天， 19
他就写信给罗素：

> 我正坐在[73]这儿，一个美丽峡湾[74]里的一个小地方，思考那可怕的类型论。仍有一些非常困难的难题（和非常根本的问题）有待解决，在对它们做出某种解决之前[75]，我是不会动手写作的。不过我不认为这会以任何方式影响到双极定理问题，它于我而言似乎仍然完全不可捉摸[76]（？）。品生特在这儿对我是个巨大的慰藉。我们租了一只小帆船，乘着它在峡湾里逛，实际上品生特全包了开船的活儿，我坐在船上工作。我会做出什么

来吗？？[77]如果没有，那将会糟糕透顶[78]，我所有的工作将会前功尽弃。然而我并没有失去[79]勇气，而是继续思考下去。请为我祈祷吧！（9月5日）

十二天后，当维特根斯坦似乎再一次抑郁发作时，品生特写道，他们闲逛时

聊了起来，看上去他一整天的低落情绪是源于“类型论”的某个棘手[80]的难题。他病态地担心，在用一种能让世界理解、对逻辑科学有用处的方式写出他的其他所有思考之前[81]，他可能会死。他已经写了很多东西，而且罗素已许诺，假如他死了，会帮忙出版他的作品，但是他确定自己写的东西表述仍不到位，不能完全表明他真正的思考方法等，而他的思考方法自然要比他的明确结论更有价值。他总是说他会[82]在四年之内死掉，但今天他说的是两个月。[83]

没过几天（9月20日），维特根斯坦自己也向罗素汇报了类似情况：

类型论还没解决，但我有了各种在我看来十

分根本的想法。现在，我内心的感受，即我在能[84]发表它们之前应该就会死[85]的感受，变得日益强烈，所以[86]，我最大的心愿是把我至今完成[87]的一切悉数传达给你，越早越好。请不要以为我认为自己的想法很重要，但我禁不住感觉它们可能会帮助别人避免一些错误。还是我判断错误？倘若如此，请不要理睬这封信。我当然完全无法判断我的想 20
法是否值得在我死后保留下来。也许就连我考虑这个问题本身都是荒谬的。但即使这是荒谬的，也请你设法原谅我的[88]愚蠢，因为它不是肤浅的愚蠢，而是我能力之内的最深刻的愚蠢。我发现越往下写这封信，我就越不敢[89]说正事儿。[90]我想请求你让我尽快见你，并给我充足的时间，让我给你勾勒我迄今完成的全部领域，若有可能，让我当着你的面[91]给你写份笔记。我将于10月1日抵达伦敦，并将在10月3日（晚）再次去伦敦。其他时间我都很灵活，你想在哪儿见面都行。我的地址将是格兰德大酒店。

我知道，问你这些事情可能既傲慢又愚蠢。但我就是这样，随你怎么看我。

永远[92]属于你的，L. W.

罗素的一封确认信显示，他提议 10 月 4 日见面。

与此同时，维特根斯坦在挪威想到了一个新主意，就在他们快离开挪威的时候，维特根斯坦突然宣布了“一个最惊人的计划”，这让他的同伴大吃一惊：

> 至于维特：他要放逐自己，远离他认识的
> 所有人生活几年——比方说在挪威。他要彻
> 底独居，孤零零一人——过隐居的生活——
> 除了逻辑什么工作也不做。他给出的理由我
> 觉得很古怪，[93]但无疑他觉得很真实：首先
> 他认为，那种环境会让他比在剑桥做出好得
> 多和多得多的工作，他说在剑桥老是容易受
> 干扰和分心（例如去听音乐会），这是可
> 怕的障碍。其次，他觉得自己无权生活在一
> 个格格不入的世界里（与他投合的人自然
> 极少）——在这个世界里他永远感觉自己藐
> 视别人，永远看见自己的神经质脾气惹怒
> 别人——但这种轻蔑等却毫无正当理由，比
> 方说他是个真正伟大的人，做出过真正伟大
> 的工作之类。以上第一个原因我是无法理
> 解的——假如让我一个人生活，我会无聊得
> 21 发疯，而且也没有办法全神贯注地做任何工

> 作。但我相信他真的不一样，能轻易忍受住。以上第二个原因我认为有些堂吉诃德：但他一直非常强烈地有此感受。他还未完全下定决心，[94]但很有可能[95]最终实施此计划。

回程途中，维特根斯坦在卑尔根打听了挪威适合定居的地方。但这仍是一个渺茫且未定的计划，因为事实表明，他在回程的大部分时间里都与品生特在一起，为自己先前答应在伦敦工人学院开设的一门哲学基础入门课做准备。令他决定实施此计划的原因是，他在1号抵达伦敦时收到了一位近亲即将来伦敦居住的消息。于是大约两个星期后，在他去剑桥与罗素谈完工作——谈话结果是他给罗素寄了一份打印好的逻辑学笔记①——并且安排好让摩尔来年春天到挪威造访他以后，维特根斯坦动身去了松恩峡湾（Sogne Fjord）的舒登（Skjolden），在卑尔根北边。[96]在这里他一直独居，除了圣诞节为取悦他的母亲，非常不情愿地短暂回了一趟维也纳。他相当频繁地给罗素和品生特写信，但只有写给前者的信件被保存了下来，它们主要涉及

① 这些笔记和维特根斯坦来年春天口授给摩尔的笔记均被保存了下来，并将与维特根斯坦写给罗素的书信一起，用于一项由加州大学伯克利分校的 D. S. 施魏德（D. S. Shwayder）教授主持的关于维特根斯坦逻辑思想发展的研究。（哈耶克原注）

逻辑问题。第一封信写于 1913 年 10 月 29 日：

> 这是一个理想的工作地。——刚到这里我就染
> 上了严重的流感，直到[97]最近[98]都令我无法工
> 作。同一性（identity）是真正的魔鬼，至关
> 重要：比我想象的要重要得多。它——同其他
> 一切一样——与在不同位置[99]出现[100]相同[101]主目
> 22 （argument）的最根本问题[102]直接相关[103]。我
> 有解决这个问题的各种想法，但尚未得出任何
> 最终的解决方案。[104]
>
> 我在本地邮政官的家里有两个可爱的房间，被照顾得确实很好。顺便一提——你能否帮我寄两份摩尔的论文过来：他1906年向亚里士多德学会宣读的《感知对象的本质与实在》。我恐怕[105]不能[106]告诉[107]你我想要[108]两份的原因，但总有一天你会知道的……[109]
>
> 由于我在此地几乎碰不到一个人影，所以我的挪威语进步极慢；甚至连一句脏话都还没学会！

这年冬天，维特根斯坦做了很多工作，并开始详细地写出他的想法。他用自己潦草的大字填满了一本

又一本对开账本，并在接下来的四五年里积累了这样七卷，《逻辑哲学论》便是其最终精选。罗素很快寄来了一份维特根斯坦留给他的《逻辑学笔记》的复本，带着一系列疑问；维特根斯坦对之进行了详细的解答。11月份的第三封信如此开头：

> 我本打算用德语写这封信，但突然不知该用“您”还是“你”来称呼[110]，所以只好又用回我那可怕难懂的英语！！

罗素的回答显然不出所料，于是，维特根斯坦接下来两年的信件全部用德语书写，使用的是昵称“你”。第一封德语信，写于1913年底：

> 非常感谢你亲切的来信。我想把我在上一封信里写的逻辑内容用另一种方式重复一遍。[111]所有逻辑命题都是重言式（Tautologien）的概括，所有重言式的概括都是逻辑命题。没有别的逻辑命题。（我认为必定如此。）比如像“（∃x）（x=x）”[112]这种命题实际上是一个物理[113]命题。“（x）:x=x:⊃（∃y）=y”[114]则是一个逻辑命题。判断一个事物是否存在是物理[115]的任务。无穷公理[116]亦如此；判

断是否存在[117]事物是经验的任务（它不能决
23 定）。不过现在来谈谈你的还原公理：……[118]我求求你，自己思考这些问题，我无法忍受[119]重写[120]第一遍时我就极不情愿写出的文字解释。同一性的问题——如先前所述——我尚未搞清楚[121]。所以对此我改日再谈！倘若你的还原公理[122]不成立，可能有些内容需要修改。……[123]

这里的离群索居对我极好[124]，我觉得我现在不能忍受在人群里生活。一切都在我体内发酵。[125]现在的大问题是：应当如何建构一种记号体系，可以让每一个重言式都能以同一种方式[126]被辨认成重言式？这是逻辑的根本问题！我相信我有生之年什么东西也发表不了。但是在我死后，你一定要把我那本记录这一切的札记印出来。请尽快往这里写信，并想办法搞清我混乱的解释。[127]

12月15日，维特根斯坦又写信道：

在重言式的本质问题得到解决之前，同一性的本质问题[128]是无法解答的。而重言式的本质问题是一切逻辑的基础[129]。——我的一天在逻辑、吹口哨、散步和沮丧中度过。我祈求上帝，赐予我更多心智，愿我现在终于搞明白一切：[130]否则我不必再活多久！

你听了《英雄交响曲》！你觉得第二乐章怎样？它是不是不可思议？

逻辑是一门多么浩瀚、多么奇特无比的科学啊，这难道不神奇吗？我想无论你还是我在一年半以前都还没有料想到。[131]

继维也纳的一封短笺，1月份他又从舒登写信：

非常感谢你亲切的来信！可惜[132]这次我还是
没有[133]逻辑新动向汇报给你：原因是过去几
（？）[134]我过得糟透了（我的维也纳“假
期”造成的后果）。我每天都被可怕的恐
惧和沮丧轮流折磨[135]，即使它们中断，我也
还是筋疲力尽，不能考虑任何工作。精神
折磨[136]的潜力可怕极了[137]！直到两天前，我
才有能力透过妖魔[138]重新听到理性的声音，
并重新投入工作。也许[139]我现在会痊愈，能
做出点像样的东西来。但我不曾知道[140]离疯 24
癫仅一[141]步之遥是何感受。希望有最好的结

果——[142]

是的，莫里克[①]的确是一位伟大的诗人，他的诗歌是当今最出色的。但我好奇你是否真会喜欢他，因为你毕竟不喜欢歌德。而莫里克的美与歌德的非常近似。但假如你真的喜欢[143]莫里克，那你就该试试歌德的《伊菲革涅亚》：也许你会看到一束光。

现在还有一个问题："充足理由律"（因果律）不就是说空间与时间是相对的吗？这于我而言现在很清楚了；因为该定律所断定的一切不可能发生的事件，只能在绝对时间和绝对空间中发生。（诚然，这还不是我的命题的绝对理由。）但是请思考一下这种情况，一个质点，它独自存在于世界，且自古以来静止不动，突然在时间A它开始[144]运动，[145]请想想类似的情况，那么——我相信——你就会看到没有[146]任何先验的认识会让这些事件看起来不可能，除非在时空是相对的情况下。请写信告诉我你对此的看法。[147]

---

① 莫里克（E. F. Mörike，1804—1875），德国诗人、小说家。译者注。

这里似乎遗失了一封信，接下来的两封均涉及它。其中的一封无落款日期，大概写于另一封信之前：

谢谢你友好的来信。你以这种方式回复我真是太好了！但是，你的请求——让我权当什么都没发生过——我却不可能满足，因为它完全违背[148]我的本性。所以请原谅我的这封长信[149]，请考虑到我必须顺从我的本性，就像你必须顺从你的一样。过去几个星期[150]我对我们两人的关系想了很多，我得出的结论是，我们其实不适合对方。我这么说不是要责怪谁！[151]既不针对你也不针对我。但这是个事实。聊到特定话题时，我们的讨论已经常[152]出现不愉快。这不愉快不是因为我们其中一方在闹情绪，而是源于我们本性中的巨大差异。我恳请你不要以为我有任何责怪你的意思，也不要以为我想对你说教，[153]我只是想把我们的关系说说清楚，因为我将从中得出一个结论。 25

我们最近一次的争执也肯定不只是因为敏感[154]或者我的不体谅，其更深层的原因在于，我的那封信是要向你表明，我们两人的观念，比如[155]对学术著作之价值所持的观念，在根本上有多么不同。我在那封信里如此冗长地谈这件事当然是愚蠢的，因为我本该告诉我自己，这种根本差异是无法用一封信解决的。而这只是许多例子中的一个[156]。此刻，就在我平静地写下这些话时，我完全承认，你的价值判断同我自己的一样好、一样根深蒂固，我没有权利对你说教，[157]但我此刻也同样看明白了，正因如此，我们之间不可能有真正的友谊关系。我将会全心全意[158]地感激你[159]一辈子，但我不会再给你写信，你也不会再见到我。既然我此刻又与你和解了，我便想和平地与你告别，这样我们就不会有朝一日再惹恼对方，然后也许反目为仇地分道扬镳。我祝福你一切顺利，请求你不要忘记我，并时常亲切地[160]想起我。永别了！[161]

你永远的[162]路德维希・维特根斯坦[163]

另一封信的落款日期是3月3日[164]：

你的回信如此洋溢着[165]善意和友情，让我感到不容许对它视而不见。所以我不得不打破原有的打算[166]：可惜我要对你说的话不能用三言两语写完，而且我也几乎不抱任何你能真正理解我的希望。首先我必须重申：我们的争执并不只[167]是外在因素引起的（神经过敏，疲劳过度等），而是——至少在我这里——有非常根深蒂固的理由。你说我们本身也许并没有那么不同，这话或许有道理：但我们的理想却全然不同。正因如此，我们从未且永远无法谈论关乎我们价值判断的任何事情而不致伪善或吵翻[168]。我认为这不可否认，很久以前我就已经注意到了；这对我来说是可怕的，因为它让我们的交往变得像一起坐在沼泽地里一样。因为我们两人都有弱点，特别是我，我的生命充满[169]了最丑陋、最狭隘的思想和行为（这不是夸张）。
但交往若不应连累双方，弱点就（不？） 26
该互相沟通[170]。两个人只应在他们都纯粹[171]的地方保持交往，即他们能对彼此彻底坦诚而不会伤害彼此的地方。要做到这一点，我们只能[172]把交往限定在通知对方可客观[173]确定的事实内，或许还可以表达一下对彼此的友好感情。其他一切话题都会把我们引向伪善或争吵。你也许会说：事情到现在多少还过得去，为何不照样继续下去。但我对这种没完没了的肮脏妥协厌烦透了[174]！我的人生

> 走到今天一团糟——但要一直这样继续下去吗？——我现在向你提出以下建议：让我们写信向对方谈工作、谈健康，或者其他诸如此类，但让我们抛开任何——无论是关于什么的——价值判断，充分意识到，在这方面我们不可能在不伤害对方的情况下对彼此*完全*坦诚（至少*我*[175]肯定是这样！）。我无须向你保证我对你的深厚感情，*但倘若我们继续这场以虚伪为基础的、因而对双方都是可耻的交往，这些感情便会受到极大的威胁*。但我相信，假如我们在更纯粹的基础上继续交往，它对我们都将是体面的。——我请求你斟酌这一切，但请你只[176]在心平气和的时候再给我回信。无论如何，请相信我的爱与忠诚。但愿你能如这封信的本意一样理解它！
>
> 你永远的路德维希・维特根斯坦[177]

在接下来的几个月里，维特根斯坦似乎没有再给罗素写信（我确信后者当时在美国）。早春的时候，维特根斯坦接待了G. E. 摩尔先前答应的造访，摩尔写道：

> 我于1914年3月26日晚抵达卑尔根，在那里见到了来接我的W.。我们在卑尔根住了两

> 晚，然后乘火车、雪橇、汽船和摩托艇去维
> 特根斯坦居住的舒登，途中我们在弗拉姆的
> 一家旅馆里过了一夜，因为是淡季，这家旅
> 馆几乎不营业：W. 事先安排好了我们可以
> 在那里过夜，不过我们是仅有的旅客。我在
> 舒登和他只待了15天。他在那里向我口授
> 了一些逻辑笔记，我仍留着它们，最近还让
> 冯·赖特看了。W. 还带我去了一个他提议 27
> 盖房子的地方；不过他后来实际上在舒登附
> 近盖的房子却是在另一个地点。15天结束
> 后，他把我送回了卑尔根，我们又一起在弗
> 拉姆住了一晚，在卑尔根住了一晚。我在这
> 次造访时才第一次听说W. 患有疝气，不得
> 不佩戴一种特殊腰带：他在卑尔根买到了一条
> 合适的腰带。[178]

初夏，维特根斯坦再次从挪威给罗素写信：

> 我就写几行字，让你知道我收到了你亲切的来信，以及我的工作在过去4—5个月里取得了很大进展。但我现在又陷入枯竭的状态，既无法工作，又无法解释我的工作。不过摩尔在我这里的时候，我向他详细[179]解释过了，他还做了各种记录。所以你最好从他那

> 里打听一切。里面有许多新东西。理解它的最好办法是你自己读摩尔的记录。恐怕[180]又得过一段时间我才能做出新东西。[181]
>
> 另：我正在这个与世隔绝的地方盖一座小房子。但愿你的美国之行圆满成功。[182]

1914年6月或7月，维特根斯坦回到奥地利，在霍赫海特的家族庄园待了几个星期。7月份的时候他仍在给品生特写信，讨论8月底再次一起去度假的计划。与此同时，他明显为如何处置从父亲那里继承下来的巨额财产而发愁。他当时的打算是，只保留政府证券方面的资产，放弃工业股票方面的更大一部分资产。显然为了实现此计划，他写信给文学评论刊物《火炉》的主编路德维希·冯·芬克（Ludwig von Ficker）——他本人并不认识芬克，但曾在卡尔·克劳斯（Karl Kraus）的刊物《火炬》上看到过对其工作的称赞——说他愿意转给后者十万克朗（约合二万美元），用于分发给在芬克看来当之无愧且需要此救
28 济的奥地利诗人和艺术家。这封信让芬克与维特根斯坦见了面，地点是位于维也纳郊区的维特根斯坦家族别墅，见面时双方同意将这笔钱的五分之一分别给两位诗人——莱纳·马里亚·里尔克和格奥尔格·特拉克尔，但他们不能知道钱的来源。次日，一个星期

天，也是奥地利向塞尔维亚宣战的前夕，芬克在维也纳的一家咖啡馆里把维特根斯坦引见给了建筑师阿道夫·卢斯，维特根斯坦对他备受议论的现代建筑非常感兴趣，并且还与他保持了联系。

一战爆发时，维特根斯坦的第一反应似乎是希望回挪威，但事实证明这不可能，于是他立即自愿做起了文职工作，并在几天后志愿参军，尽管他的身体缺陷（双侧腹股沟疝）大概永久免除了他服兵役的义务。而且他还放弃了特权，依此特权，他的教育水平能够让他有资格接受军官培训。他在一个机动炮兵团里当了大约两年的二等兵，起初在维斯瓦河的一艘船[183]（“哥普拉纳”号）上，后来去了克拉科夫要塞。对他这两年的活动我们知之甚少，尽管我们偶有窥见二等兵维特根斯坦在一个美丽的夏夜坐在“哥普拉纳”号甲板上，一边削土豆，一边与一位感兴趣的军官讨论哲学，或者了解到他被派往克拉科夫的一个车间，显然是为了让他发挥内燃机方面的特长。在此期间，被他隐瞒的身体缺陷给他带来过一次严重的麻烦，还有一次他被严重炸伤，不过并未留下后遗症。他的职务似乎让他有时间做大量工作，而且第一年他仍有机会给在英国的罗素和品生特写信，向他们汇报这些工作；起初是直接通信，后来通过红十字会转寄。而且 29
罗素的文章《感觉材料与物理的关系》（载于《科学》

杂志 1914 年，第 4 期）的复本也还能寄到他手上。正如他后来告诉罗素的，应该也是在这段时间，他在加利西亚的一个乡村书店里买到了那里仅剩的最后一本书——托尔斯泰的《福音书摘要》，这本书迷住了他。

1916 年，他奉命来到摩拉维亚的奥洛穆茨接受军官培训。阿道夫·卢斯向他介绍了一位生活在那里的年轻弟子——保罗·英格尔曼，这让他结识了一个志同道合的灵魂，因为英格尔曼不仅最近也受到托尔斯泰宗教思想的影响，而且他还是个有同情心的热心听众，乐于倾听维特根斯坦对哲学思想的阐释。维特根斯坦甚至偶尔会去英格尔曼父母热情好客的家里，加入一群正在休假的年轻人的欢乐中。这些聚会结束后，这两个年轻人经常在英格尔曼家和维特根斯坦的住处之间来回走上好几个小时，谈论正在壮大的《逻辑哲学论》思想，以及他们共同的伦理与审美趣味。尽管这是英格尔曼初次接触哲学，但事实证明他是一个极好的倾听者和提问者；维特根斯坦曾经承认，当他找不到正确的表述时，英格尔曼巧妙的提问往往能把它逼出来。

维特根斯坦从奥洛穆茨先是回到东部前线，后于 1918 年春被调到南蒂罗尔的一个山炮团——他对强加给他的军官头衔有些不悦，一再设法辞掉此职务。1918 年 8 月在维也纳休假期间，他得以将《逻辑哲学论》的最终版本口授给一名打字员；11 月，当奥匈帝国军队崩溃，他被意大利人俘虏时，他的背包里就装着这份打字稿。被俘后他先被带到科莫的一座战俘营， 30
1919 年 1 月被转到卡西诺[184]的另一座战俘营。在这里，他有机会继续手稿的工作。早在科莫，他就与一位狱友——来自维也纳的雕塑家 M. 德罗比尔[185]——交上了朋友；在卡西诺，他又遇到了另一位志同道合的维也纳同乡——路德维希·亨泽尔博士。这两人成了他一生的挚友。与亨泽尔博士相识时的情形是这样的，当时亨泽尔在给一群打算获释后受训当老师的战俘上逻辑课，一堂课上完后，一位安静的听众——正是维特根斯坦——进行了自我介绍，并向亨泽尔解释了他在课上一直讨论的一个问题。此后两人经常在一起讨论，在此过程中维特根斯坦不仅系统地带亨泽尔了解了符号逻辑原理，还在漫长的晚间散步中向他解释了《逻辑哲学论》的思想。手稿里的一些想法（包括第 6.1203 节）显然就是来自这些讨论。他们还在一起阅读康德的《纯粹理性批判》，大都由维特根斯坦朗读给亨泽尔听，他一直喜欢这样做，而且做得异常出色。维特根斯坦在战俘营里发现了一本《圣经》，这引发了另一个热烈讨论的话题，显然这是他人生第一次读到福音书的原文。托尔斯泰的阐释让他如此铭记在心，以至他从《圣经》原文里发现的不少东西令他困惑不已，费了很大劲才被其真实性（genuiness）说服[186]。——也正是在这个时期，当伤寒病在附近的一个普通士兵战俘营里流行时，维特根斯坦报名志愿去医院支援，当他的提议被粗鲁地回绝时，他感到非常沮丧。

1919年2月，他终于得以寄出第一张明信片给伯特兰·罗素，表达了想让他知道自己业已完成的工作的强烈渴望，并很快寄出了第二张明信片。他寄出的第一封信，似乎是在4月份[187]，又提到了自己的手稿：

> 31 它包含了我在过去六年里的全部工作。我相信，我终于解决了我们的问题。这听起来也许傲慢，但我禁不住这样想。我1918年8月写完了此书，两个月后当了俘虏[188]。我把手稿带在了身边。我希望能为你抄写一份，但它很长，况且我也没有办法把它安全地寄给你。事实上在没有预先解释的情况下，你是不会理解它的，因为它是用短小的评论写成的。（这当然[189]也意味着没人[190]会理解它：[191]尽管[192]我相信它完全像水晶一样清晰[193]。）我一回家就会出版它。不过这恐怕[194]不会[195]“很快”。由此，要过很久我们才能见面。我很

难想象再见到你！太难了！我猜你不可能到这儿来看我？或许你会觉得这种事我即便想想都太厚颜无耻。但是假如你在世界的另一头，而我能去看你，我会这样做的。

为了让意大利人释放维特根斯坦，罗素暗中牵线，当他周旋成功时，维特根斯坦却因不希望自己比其他狱友提前被遣返而阻止了行动。维特根斯坦在一名意大利医生面前激烈声明，自己的身体非常健康，这让该医生大吃一惊，因为他非常乐意证明W.不能忍受长期监禁。大约在1919年6月上旬，J. M. 凯恩斯设法帮维特根斯坦把手稿寄给了罗素，大概通过同一渠道，罗素5月份新出版的《数理哲学导论》也寄到了维特根斯坦手上。6月6日，他致信罗素评论道[196]：

我不敢相信，六年前我[197]口述给摩尔的东西竟没有给你留下一点印记。[198]我仅存的一丝希望，你多少能理解我的手稿[199]，也全部破灭了。我没有能力为自己的书写评论[200]，这你是可想而知的。我只能口头向你评论。如果你还在意对这本书的理解，并能安排与我见面，请你这样做[201]。——倘若不行，请你读完后立刻将手稿[202]寄回维也纳[203]。它是我唯一的修订稿，是我的毕生之作！我现在[204]

> 比任何时候都更急切地渴望看到它付印。不
> 得不在牢狱里到处随身带着自己已经完成的
> 工作，而且看到外面的世界如何上演着荒唐
> 32 的游戏，我的内心是苦涩的！想到即便付印
> 也没人会理解它，我的内心同样苦涩。[205]

8月19日，准备两天后启程回家的维特根斯坦再次从卡西诺[206]写信，回复罗素的一封信，信较长。他顺便提到：

> 我还把手稿寄给了弗雷格。他一周前写信给我，依我看来他一个字都没懂。所以我唯一的希望就是尽快见到你，全部解释给你听，因为不被任何人[207]理解是件非常[208]难以忍受的事情！

虽然这封信就罗素对手稿内容提出的一些技术要点做了评论，但它主要还是恳求罗素尽快安排在瑞士或者荷兰见面。罗素这样做了，秋天的时候，二人在海牙见了面，“逐行讨论了《逻辑哲学论》”，据罗素说。

为了资助维特根斯坦去海牙，罗素只好把维特根斯坦留在剑桥的家具买了下来。这不仅是因为奥地利

当时正在经受剧烈的通货膨胀所带来的沉重打击，而且主要也是因为维特根斯坦获释后的首要考虑是让自己完全摆脱从父亲那里继承的巨额财产。早在战前，他就表达过这种意愿，打算捐赠自己持有的所有工业股票，只保留政府证券方面的投资（这些证券在 1919 年夏天已经变得一文不值）。有一天，他突然出现在他的会计师面前，宣布不想要他的任何钱，这引起了不小的骚动，此后，他开始正式采取必要措施，将自己的全部财产转让给了两个姐姐和活下来的一个哥哥。他焦躁不安地希望永远也不要再管这些财产，这让他不得不采取特殊措施，好让那部分被前敌国扣押的证券将来无论如何也不会再回到他手上。

早在战俘营里，维特根斯坦就决定获释后当一名 33
教师，回到维也纳以后，他立即注册了为期一年的教师培训，并于 1920 年 7 月成功通过考试，获得了小学教师的资格。接下来的暑假，他到毗邻维也纳的克罗斯特新堡修道院当了园艺工，9 月，他在维也纳向南约四小时路程的一个小山村里，开始了自己的第一个教学岗位。不久，他就从那里写信给去了中国的罗素，并调侃说，这可能是特拉腾巴赫的教师第一次与北京大学的教授通信。

他们从春天开始就因为手稿出版的事情通信。[4]

月份，维特根斯坦确认收到了“导言”，它是罗素应他的请求写的。但是过了一个月，导言都已经翻译成德语了，他又写信向罗素解释，说他没办法说服自己出版导言，因为在翻译过程中，罗素的英语的一切雅致丧失殆尽，剩下的只有“肤浅和误解”。正如维特根斯坦其实已经预料到的，一直与他协商的德国出版商（Reclam）拒绝出版他的书，而维特根斯坦似乎也没有再尝试让它出版。罗素[209]后来把它交给了《自然哲学年鉴》，其编辑是威廉·奥斯特瓦尔德[210]（维特根斯坦对他没有什么好感），1921年底，《逻辑哲学论》的德语版（*Logisch-Philosophische Abhandlung*）和罗素的“导言”一并登在了该刊物的最后一期上。

此后，这两位挚友只通了寥寥几封信。在从特拉腾巴赫寄出的第一封信里，维特根斯坦告诉罗素，这个新差事把他从严重的抑郁中稍稍解救出来。然而，在普通人中生活也并非一帆风顺。一年后，在给罗素[211]的另一封信里——罗素那时已回到英格兰——他说自己继续被仇恨和平庸包围，并且还谈到了跟一些
34 人的摩擦。信中还提到他打算与罗素见面，不过最后二人似乎在1922年的夏天才在因斯布鲁克见面。在这之后，二人结束了这种紧密的联系和通信。战前强烈反对基督教的维特根斯坦这时发生了巨大的变化。对托尔斯泰和圣奥古斯丁的研究，再加上其他一些经

历，让他渐渐改变了，尽管没有变成遵守教义的信徒，但在某种意义上，他变成了一个非常虔诚的人。罗素那尖锐的理性主义现在让他反感，因斯布鲁克之行以后，二人几乎再也没见过面。

似乎在同一年夏天（或许可能是下一年），维特根斯坦又去了一趟挪威，尽管他从教师薪水里攒下的钱几乎连单程旅费都不够。为了维持在那里的生计并凑足回程的旅费，他在一个工厂里做板条箱。

维特根斯坦在特拉腾巴赫的两年并不怎么快乐，他好像在第二个学年初去了另一个地方（哈斯巴赫）试运气，没过多久又回到了特拉腾巴赫。村民们从未见过如此与众不同的怪人，所以他不免成了好奇和议论的对象：一个外表优雅，看上去像个苦行僧的人，穿着比教师该有的穿着破旧（他永远都穿着破旧的皮夹克和脏兮兮的裤子，配上厚重的靴子，但衬衫却总是干干净净的），与此同时，在才智和教育程度上，他却无疑远远超出他们认识的任何一位教师——这个人过着隐居的生活，房间布置得很像修士的斗室，通常不跟外人打交道，人们偶尔能在晴朗的夜晚看到他坐在窗边看星星，或者吹单簧管——这个人平时害羞、沉默寡言，但却会突然动怒，被惹恼时会说出非常直接和刻薄的语言——在村民们眼里他肯定很古怪。然 35

而，维特根斯坦可能误会了，他以为大家普遍对他充满敌意，或者把他当成傻子，他有一次就是这样脱口告诉一位同事的。而事实却可能是，由于他对真和率直的狂热让他视普通老百姓的日常小规矩为伪善和不诚实，所以他经常得罪人；他的同事可能也并不总是看好他的超高严格标准，嫌恶他批评传统教学实践[212]时的直言不讳[213]，而且可能还把他的独处当成了傲慢。村里唯一一个他感到可以与之交流思想的人是天主教神父，他后来还经常去见他，并用拉丁语给他写信。他还非常喜欢一个老农妇，经常跟她一起吃午饭，并渐渐视她为他所认识的极少数几个真正的基督徒之一。

不过，他与邻村——奥特塔尔（日后他自己也在那里教书）——的一名教师交上了朋友；他的大部分空闲时间都是跟这位朋友一起度过的，或者去散步，畅谈自己的一切兴趣，或者全神贯注地鉴别他们采来的花。他甚至因受到一丝挑衅而向校长普特雷展示了自己的《逻辑哲学论》，尽管他丢下一句他肯定他的朋友永远也读不懂它。这位朋友还记得和太太在一个寒冷的秋日对维特根斯坦的一次回访：他们发现他的房间没有取暖，家具只有一张行军床、一把椅子、一张小桌子和一个生铁炉；维特根斯坦在屋子里就地砍了柴，生了火，随后，他从脸盆架上的一个壶里倒了些苹果酒给他们喝，杯子是军用口杯，他刚把牙刷从里面拿出来。

1922年秋天，维特根斯坦被调到工业城镇诺因基
兴的一所中学里去教书，但他极其厌恶那里的老师们
装腔作势、拿专业学问自诩的氛围，所以没过几个礼
拜，他就去了施内山麓普希贝格小镇的另一所小学任 36
教。在这里，他很幸运地在同事当中找到了一位很有
钢琴造诣的年轻人，他们有着相同的音乐品位。留在
普希贝格的这两年，他的大部分午后时光都是与鲁道
尔夫·科德尔（Rudolf Koder）一起度过的，他吹单
簧管，科德尔演奏钢琴，或者他只是随着旋律吹口哨，
实际上却在指引同伴的演奏。他们后来在维也纳再次
相遇时，二人的友谊得以继续，并一直延续到维特根
斯坦去世。

除了这些沉醉于音乐的午后时光，维特根斯坦几乎全神贯注于教学任务。他一点也不在乎自己身居其中的山区风光；不同于挪威和爱尔兰的空旷与粗犷，这里的景色并不吸引他。他还是教九、十岁的男女生混合班，对自己的工作非常投入，高要求，成绩显著，教学超出规定的范围，比如教学生代数和初级方程式。然而隐居的生活，不与当地人打交道，强制学生做格外多的功课，还经常把他们留在学校，这一切又让他成为很不受家长欢迎的人。两年后，当被要求升入普

希贝格中学教书时，他无法忍受看到自己的成果毁在别人手里，于是提出申请去一个更小的地方，这样他就能一直看着孩子们结束他们的学业。

在特拉腾巴赫和普希贝格的日子里，维特根斯坦似乎既没有时间也没有兴趣做哲学工作，而且似乎也没怎么与英国的朋友们联系。他与 C. K. 奥格登（C. K. Ogden）因为书的翻译事宜通了一些偶尔情绪激动的长信，根据奥格登在《逻辑哲学论》开头的注释，维特根斯坦认真校阅过校样（？）。最初考虑的英语书名是 *Philosophical Logic*（哲学逻辑），但是 G. E. 摩
37 尔后来建议用 *Tractatus Logico-Philosophicus*（拉丁语，逻辑哲学论），维特根斯坦因喜欢斯宾诺莎的味道，所以欣然接受了这个书名。这本书 1922 年问世，献给他在战争中阵亡的朋友大卫·品生特。

1923 年春，维特根斯坦开始给凯恩斯和才华横溢的年轻数学家 F. P. 拉姆齐[214]（当时年仅二十岁）写信，后者一直在协助奥格登翻译《逻辑哲学论》，奥格登提到拉姆齐当时正计划去维也纳。凯恩斯起初没有回信，而当时正在为《逻辑哲学论》写书评的拉姆齐则急切地回复了，并于 9 月（当时书评已经交上去了，并刊登在《心》10 月刊上）去普希贝格拜访了维特根斯坦。在一封 1923 年 9 月 20 日写给他母亲的信里，

拉姆齐描述了这次探访：

> 维特根斯坦是一名乡村小学教师。他很穷，至少他过得很节俭。他有一个石灰粉刷的小房间，里面有一张床、脸盆架、小桌子和一把硬椅子，也就放得下这些东西了。我和他一起吃了一顿晚餐，相当难吃，粗面包、黄油和可可。他看上去比他可能的年纪要年轻，但他说他眼睛不好而且感冒。不过他外表强健。解释自己的哲学时他很兴奋，做出有力的手势，但又迷人地一笑，从而减缓了紧张气氛。他有一双蓝眼睛。
>
> 他准备每天花四五个小时来解释他的书。我已经听了两天，完成了八十页中的七页。等听完整本书的讲解以后，我要试着从他那里激发出更多的想法，用于将来进一步发展此书。他说他自己不会再做什么，不是因为他烦了，而是因为他的心智不再灵活。他说没人能在哲学上好好工作超过五年或十年（他的书花了七年时间）。
>
> 他对自己的书的评价是，不是任何读它的人都能理解他的想法，而是某一天某一个人会自己

想到这些想法，然后因为从他的书中找到了这些想法的确切表达，从而获得极大的满足。我认为他夸大了自己的语言的启示力，它比我设想的要谨慎得多，但我想这反映了他顿悟的方式，这在别人那里恐怕不一样。

一些主要难点我曾在绝望中苦苦思索了一
38 年，并决定相信他没有看到它们，而他却把
这些难点都为我一一解答了。我曾经以为摩
尔很厉害——但他无法跟W. 比！

他说我会在几天内忘掉他解释的一切；摩尔说他在挪威的时候把W. 完全搞懂了，可一回到英格兰就还不如刚开始的时候懂得多。

可怕的是，当他说“那个清楚了吗？”时，我说“没有”，他说“该死，重来一遍太恐怖了”。

有些时候他会说“看来我们现在得先把它放下”。自己写的东西他经常五分钟就忘，过后又记起来。有些语句他故意写得模棱两可，既有一个普通含义，又有一个他同样也相信的更

难的含义。[①215]

应维特根斯坦的请求，拉姆齐一回到剑桥，就开始咨询是否有可能支付维特根斯坦访问剑桥的费用，以及后者在那里获得学位的条件。他很快就向维特根斯坦汇报，会有五十英镑给他作为路费——并在后来的一封信里透露，这笔钱是凯恩斯提供的，另外，维特根斯坦唯一可以不用费很大周折就能拿到的学位是哲学博士，但前提是回剑桥再待一年。来年春天，凯恩斯也终于回复了维特根斯坦上一年的信，语气极其友好并带着极深的歉意，他在信里劝维特根斯坦来英国。然而，维特根斯坦的犹豫不决并不是因为他觉得自己不适应或者害怕社交。当拉姆齐宣布他会在下一个暑假再去奥地利看他时，维特根斯坦的访英计划于是推迟了。拉姆齐其实 1924 年 10 月才去奥特塔尔探望维特根斯坦，后者当时刚搬到那里。

接下来的秋冬季节，维特根斯坦在奥特塔尔一直忙于编写一本小学用的拼写词典，一家维也纳的出版社愿意出版这本书。维特根斯坦在一份备忘录里解释道（次年春天，这份备忘录被呈交给了教育部，用于词典在公立学校的使用批准），他发现现有的词典不

---

① 这封信的相关段落由 F. P. 拉姆齐夫人提供。（哈耶克原注）

适合教讲方言的十岁儿童，于是开始向学生口授了约2500个最常用的单词。词典的手稿便是由此壮大起来
39 的，它仅限于奥地利乡村小学生熟悉的单词，包括那些最简单的词汇，词典的编排是为了让习惯于方言表达的儿童能够毫不费力地找到他们需要的正确词汇。为了方便使用，维特根斯坦经常出于心理、语法和排版的考虑——特别是在遇到复合词的时候——放弃完全按字母顺序编排的做法，并且基本上避免过分苛求学生的抽象能力。对于那些了解奥地利乡下方言的人来说，他们简朴的说话方式得到了同情，甚至是深情的理解，这有着一种难能可贵的魅力。在偶尔解释某个词的含义或者发音时，维特根斯坦也毫无傲慢之意，而是自己的经验告诉他有必要这样做。这项工作显然是从实际需要出发，他利用方言的发音，娴熟地解释在礼貌用语中听起来相似、拼写起来却不同的词汇（比如从句连词“dass”和中性定冠词及指示代词“das”），该做法自此以后被不断效仿。这本词典，或者更确切地说，这本四十二页的小册子，总共编入了六千到七千个单词，并于次年冬天出版，但它似乎只取得了有限的成功，现在早已绝版。[①]

① 参见《小学词典》，维也纳：Höler-Pichler-Tempsky 出版社，1926年。（哈耶克原注）

维特根斯坦在奥特塔尔也同样又待了一年（1925/26）。但是同样，他与当地的村民又发生了一些摩擦。他不仅是一名能力强的教师，而且还由衷地喜欢孩子；然而他的脾气却根本不适合这份工作。他通常对男生感到满意，但混合班里女生的咯咯笑声却让他抓狂。当他突然动怒时，会偶尔对男生不怎么温柔。有些家长为此投诉过他，但还没等到官方采取任何行动，内心极度沮丧的维特根斯坦就于 1926 年 4 月提交了辞呈，重返维也纳。起初，他郑重地考虑住进修道院，其实早在一战爆发前他就动过此念头，从战俘营获释后又如此。他甚至探访过一家修道院，带 40
了一个朋友作为他的精神支持，然而，一位贤明的院长告诉他，他既不会在那里找到他期望的东西，引领他来修道院的动机也不是教会能苟同的。1926 年夏，他再次当了几个月的园丁，这次是在胡特多夫的教会医院里，这地方就在维也纳城郊，他一直住在花园的工具棚里。他重返维也纳的时间大概与他恢复哲学工作的时间一致。拉姆齐的造访和二人随后的通信，重新点燃了他的哲学兴趣，现在回到维也纳，他与那里形成的新哲学圈取得了联系。1922 年，莫里茨 · 石里克当上了维也纳大学的哲学教授，在他周围逐渐形成了一个由逻辑学家和自然科学家组成的圈子，这就是后来的“维也纳小组”。1924 年底的某个时候，数学家库尔特 · 雷德迈斯特（Kurt Reidemeister）教授宣读了一篇关于《逻辑哲学论》的论文，在圈子里引起了浓厚的兴趣，没过多久，石里克便写信给维特根斯坦，提议去拜访他。维特根斯坦的确有回信，但是会面的时间显然被推迟了，而当石里克最终前往时，他却没能见着维特根斯坦。石里克夫人在一封信里描述了维特根斯坦的工作给她丈夫带来的巨大震撼，并谈到了她丈夫踏上此行时的心情，她允许我引用她的信：

> 我丈夫带着自己挑选的几个学生去了一趟靠
> 近基希贝格的特拉腾巴赫（事实上，他们去
> 的应该是位于特拉腾巴赫和基希贝格之间的
> 奥特塔尔），此前他曾写信告诉过W. 这一
> 造访计划，却没有收到回信。当他带着近乎
> 敬畏的口吻向我解释说W. 是地球上最伟大
> 的天才时，他仿佛是准备去朝圣。得知W.
> 已经不在特拉腾巴赫了，这些朝圣者们无功
> 而返，深感失望。但是没过多久……路德维
> 希·W. 的姐姐——斯通伯罗夫人——来信邀
> 请我丈夫去维特根斯坦宫，与她的弟弟路德
> 维希共进午餐。如果我没记错，他们两人从
> 未在维特根斯坦任教期间见过面。斯通伯罗
> 夫人的邀请函令我丈夫欣喜若狂，这一次莫
> 41 里茨的期待和希望没有落空。我饶有兴致地
> 又看到了朝圣者的敬畏神态。回来以后他心

醉神迷，不怎么说话，我觉得我不该发问。[216]

然而不久，维特根斯坦有了新兴趣，它占用了他接下来两年左右的大部分时间和精力。他的好友——建筑师保罗·英格尔曼——被委托为斯通伯罗夫人建一座新宅邸。早在1926年春，只要回维也纳，他都会参与房屋设计的讨论，并往往能让特别有主见的斯通伯罗夫人满意，而英格尔曼却经常做不到。待维特根斯坦搬回维也纳以后，英格尔曼便提议让他一起指挥施工。经过一番犹豫，维特根斯坦接受了该提议，并从那时起实际上[217]担任起了总指挥。尽管平面图在维特根斯坦接手项目之前就弄好了，但最终的宅邸，一栋强调垂直空间、没有任何外部装饰的现代简约风格的建筑，在很大程度上是维特根斯坦的成果。他全神贯注于工作，对细节一丝不苟，比如，为了满足他的严格标准，他坚决定制散热器，以达到他分毫不差的要求。正是因为这项工作，他逐渐走出了自己在教学活动末期深陷的精神危机。

维也纳也再次给了他发挥艺术天分的机会。他曾在朋友德罗比尔的工作室里雕过一个头像，尽管缺乏专业技巧，却很能抓住形态。但他的主要时间都花在了音乐上。他与长姐和好友科德尔一起无休止地练习，要么吹单簧管为他们伴奏，要么只是通过吹口哨来指挥他们演奏。布鲁克纳①和盲人风琴师拉博②——维特根斯坦家族圈子里的成员——的音乐作品是他的最爱，而研究莫扎特的一组单簧管四重奏则占用了他们
42 很长一段时间。尽管他没有他的音乐伙伴们专业，却绝对被公认为最具有乐感，是他的诠释和完美主义完全主宰了他们的演奏。

这里或许也该聊聊维特根斯坦的文学品味。他对上个世纪伟大的俄国作家有着强烈的共鸣；不仅包括托尔斯泰，他的《哈吉穆拉特》[218]维特根斯坦在一战前就读过，他的《福音书摘要》在战时深深影响了他，他的《民间故事集》（英语名为《主与仆》）是他后来的最爱；而且更有陀思妥耶夫斯基[219]，特别是他的《卡拉马佐夫兄弟》和《罪与罚》。这些文学作品，加上一战后期对俄国的一丝了解，造就了他对俄国人的浪漫情怀，这是他一再计划去俄国定居的主要原因。他在不同阶段曾屡次试图说服一些朋友陪他一起去俄国，有一次凯恩斯好不容易才劝退他实施这个计划。

---

① 安东·布鲁克纳（Anton Bruckner，1824—1896），奥地利著名作曲家、管风琴家，以创作交响曲、弥撒曲和经文歌而著称。译者注。

② 约瑟夫·拉博（Josef Labor，1842—1924），奥地利晚期浪漫主义钢琴家、管风琴家和作曲家，一位极具影响力的音乐老师。译者注。

（据冯·赖特称，此事发生在1935年，维特根斯坦在剑桥三一学院的研究员职位即将期满，他当时其实已经和一个朋友一起去了一趟俄国，显然对他的所见感到满意。）他当然认为媒体对俄国的负面报道大都是谎言。直到二战以后，当他见到维也纳的俄国人时，他的幻想才破灭。[①]

还有三位宗教思想家对他可能同样重要：圣奥古 43
斯丁，他的《忏悔录》维特根斯坦用拉丁语读过（他好像是在教师培训期间学的拉丁语），帕斯卡，以及

---

① 这一点清晰地体现在我和他的最后一次交谈中，大约是在1948年。鉴于这个插曲较为典型，所以在这里讲一讲。在那次偶遇前的一两年里，我们通过几次信，起因是维特根斯坦写信向我咨询一些事情，先是关于如何给他在维也纳的亲戚邮寄食物包裹，接着是关于如何搞到访问维也纳的许可证。他知道我面临同样的难题，而他向我提的问题则让他的性格特征暴露无遗，既不谙世故（Weltfremdheit），又关注具体细节，这两者的组合便是他的典型性格。我遇见他的时候，我俩都已经回维也纳好几回了；那次我在巴塞尔改变了返程计划，设法弄到了一列卧铺车的上铺，继续前往加莱。我上车的时候已接近午夜，为了不吵醒同车厢的乘客，我黑灯更衣。突然，一个蓬乱的脑袋从下铺伸了出来，问我是不是哈耶克教授。我回答是，还没等我认出这个人是维特根斯坦，他就再没吱声把头转向了墙。第二天早晨，他起得比我早，等我吃完早餐回来时，发现他正在津津有味地读一本侦探小说。我猜他不想聊天，所以我们各自安静地读了约两个小时的书，直到他突然放下手中的书，跟我热聊了起来——主要是关于奥地利和欧洲大陆的总体形势，特别还有他对俄国人的印象。谈话刚开始变得有意思起来，我们就抵达加莱了。临别时，他说我们上船后一定要继续聊，可我在船上到处都没有见到他的踪影。事实上，我自此再也没有见到过他。

S. 克尔恺郭尔，早在后者大受欢迎之前，维特根斯坦就知道并欣赏他的《哲学片断》。

跟那一代的许多思想独立的维也纳年轻人一样，维特根斯坦也一度被作家卡尔·克劳斯所深深吸引，并且定期阅读他的期刊《火炬》。假如你了解克劳斯这个名字所代表的思想风格，那么你肯定不会感到意外，与这个思想趣味携手并肩的是对内斯特罗伊①和G. C. 利希滕贝格②的欣赏。以上种种均源于维特根斯坦对简单而清晰的语言的执着，这才是吸引他的地方，同时也部分解释了他为何偏爱莱辛、莫里克、戈特弗里德·凯勒、赫贝尔的《小宝箱》和威廉·布施的一些短篇故事（特别是他的《爱德华的梦》和《蝴蝶》）。而且，他之所以非常爱读麦克斯韦③、海因里希·赫兹④和玻尔兹曼[220]的科学读物，在很大程度上也是源于这些作者的语言。他们的著作是能让维特根斯坦反复

---

① 内斯特罗伊（Johann Nestroy，1801—1862），奥地利作家、演员、歌剧演唱家。译者注。

② 利希滕贝格（Georg Christoph Lichtenberg，1742—1799），德国启蒙学者、讽刺作家、物理学家。译者注。

③ 麦克斯韦（James Clerk Maxwell，1831—1879），英国物理学家，经典电磁理论和气体分子运动论的奠基人。译者注。

④ 赫兹（Heinrich Rudolf Hertz，1857—1894），德国物理学家，1888 年首次验证了电磁波的存在，故频率的国际单位制单位赫兹以他的名字命名。译者注。

阅读的极少数几本书。还有一些作者，维特根斯坦精
通他们的思想，却不喜欢他们的风格，这些人包括恩 44
斯特·马赫①和心理学家奥托·魏宁格②。

尽管在某种意义上他的标准非常严苛，这让他厌恶任何他认为不纯粹或者掺杂任何矫揉造作的东西，但他却可以自在地沉醉于低级情感的代表中——他不仅爱读侦探小说和探险小说，甚至还能完全享受“西部片”这种更加粗俗的形式。

让我们回到1926至1929年——维特根斯坦在维也纳的这几年。1927年春，他似乎被说服，去参加了几次石里克圈子的周一晚间聚会；至少这年秋天，石里克还在写信给他，希望他能继续参加这些聚会，因为他肯定也看到了，能定期与他讨论对大家来说是何等荣幸。然而维特根斯坦显然再也没有参加过这些聚会，圈子里的大部分成员只是间接地——通过石里克本人，后来尤其通过弗里德里希·魏斯曼（Friedrich Waismann）博士——了解到他的工作。他俩定期去见

---

① 恩斯特·马赫（Ernst Mach，1838—1916），奥地利物理学家、心理学家、哲学家，马赫主义的创始人。译者注。

② 奥托·魏宁格（Otto Weininger，1880—1903），奥地利心理学家、哲学家，他的《性与性格》对青年维特根斯坦影响很大。译者注。

维特根斯坦，后者经常把自己的想法口述给他们，这让他俩一度成为让更多人了解维特根斯坦的唯一渠道。而他俩则渐渐认为自己只不过是维特根斯坦思想的宣讲者，特别让石里克的朋友感到吃惊的是，这位有创作力的成熟思想家竟然完全受维特根斯坦的主导，甚至在听到维特根斯坦对某个对象的最新见解前，他都常常不敢提这方面的哲学问题。至于魏斯曼博士，当时在维也纳大家普遍相信，在维特根斯坦没有发表某些思想之前，他没敢出版自己已经完成的一本部分基于维特根斯坦思想的论著（这本书事实上从未问世）。

1929 年，可能是通过凯恩斯的帮助，维特根斯坦终于被安排去剑桥大学完成他的博士学位。他正式注册成为 1929—1930 学年的研究生，拉姆齐是他的导
45 师，《逻辑哲学论》作为他的博士论文，G. E. 摩尔是他的主考官。然而，他当时与拉姆齐刚刚建立起来的交情却因拉姆齐 1930 年 1 月的突然离世而终止。

（六年前我写到这里停笔了，因为维特根斯坦的遗稿保管人在公开出版他的通信集之前，不允许我援引他的信件。他们至今都还没有出版这些通信，而我现在也不太可能重新拾起曾经的工作，即趁维特根斯坦的生前好友还健在的时候去搜集可得的信息。他们当中的一些人已经过世，所以我再也不可能把我写的

东西给他们，征求他们的同意。此外，我的记录断断续续，非常零散，对其他人也不会有太大用处。况且诺尔曼·马尔康姆最近出版的《回忆维特根斯坦》完全涵盖了他剩下的大部分人生岁月。）

芝加哥，1959年11月

## 注释

1. 威廉·埃克尔斯（William Eccles）与沃尔夫·梅斯（Wolfe Mays）对维特根斯坦的回忆均已公开发表，尽管版本有所修订。参见沃尔夫·梅斯：《维特根斯坦的曼彻斯特时期》，载于《曼彻斯特卫报》（1961年3月24日）。沃尔夫·梅斯：《维特根斯坦在曼彻斯特》，1979年，载于《语言、逻辑与哲学：第四届维特根斯坦国际研讨会论文集》（R. Haller / W. Grassl编），第171—178页。瑞·蒙克（Ray Monk）：《维特根斯坦传：天才之为责任》，伦敦：1991年，第29—35页。
2. ferry 错写成 fery。译者注。
3. thoughtful 错写成 thoughtfull。译者注。
4. 原文此处有删节线。译者注。
5. 哈耶克将戈特洛布·弗雷格的名字 Gottlob Frege 误写成 Gotthold Frege。译者注。
6. 参见大卫·品生特（著）；格奥尔格·亨里克·冯·赖特（编）：《青年维特根斯坦肖像：大卫·休谟·品生特1912—1914年日记选编》，牛津：1990年。该版本被用于校对哈耶克传记草稿对品生特日记的援引。
7. 品生特的日记原文是："愚蠢不诚实"。
8. 括号里的注解不是出自品生特的原文。
9. 哈耶克将罗素的名字 Russell 误写成 Russel。译者注。
10. 原信无下划线。
11. 维特根斯坦在原信中的表述是："还是有"。
12. 维特根斯坦在原信中将 getting 错写成 geting。
13. 维特根斯坦在原信中将 wild 错写成 wilde。
14. 原信无下划线。
15. 原信为双下划线。
16. 哈耶克将 apparent 误写成 apparant。译者注。
17. 维特根斯坦在原信中将 its 错写成 it's。
18. "没有"一词在原信中是双下划线。

19. “截然”一词在原信中有双下划线。维特根斯坦在原信中将 totally 错写成 totaly。

20. 维特根斯坦在此处将 piece 误写成 peace。译者注。

21. 维特根斯坦在他的书信里频繁使用“&”符号代替英语中的“and”。哈耶克在援引维特根斯坦的书信时将“&”全部改成了“and”。译者注。

22. 品生特日记里写的是 shewed，哈耶克在转录时改成了 showed。

23. “非利士人”一词在品生特的原文中带引号。

24. 同前。

25. 此处为哈耶克的注释。

26. 同前。

27. 摩尔致哈耶克的信，无落款日期。

28. 品生特的原文是：一个叫法默的人（这个人我有一次在庞森比家喝茶时见过）。

29. 品生特的原文为“法默”。

30. 同前。

31. 同前。

32. 维特根斯坦在原信中将 afraid 错写成 affraid。

33. 维特根斯坦在原信中将 although 错写成 allthough。

34. 维特根斯坦在原信中将 general 错写成 generall。

35. 《维特根斯坦通信全集》里标注的日期为1913年1月10日到20日之间。

36. 哈耶克将 Russell 误写成 Russel。译者注。

37. 维特根斯坦在原信中将 whether 错写成 wheter。

38. 原信里这句话是“something is human”。

39. 维特根斯坦在原信中将 symbolism 错写成 symbolisme。

40. 维特根斯坦在原信中将 want 错写成 whant。

41. 这里省略了一句话：“但如果我（正如我现在做的这样）分析为苏格拉底&（∃x）x是有死的，或一般地分析为 x &（∃x）φ（x）*，这种错误代入就变得不可能了，因为现在这两个符号本身是不同类的。”

42. “最”字在原信里有下划线。

43. 维特根斯坦在原信中将 theories 错写成 theorys。

44. 维特根斯坦在原信中将 symbolism 错写成 symbolisme。

45. 维特根斯坦在原信中的表述是“substituted in one another's places”，哈耶克在转录时改成了“substituted one on anothers place”。

46. 哈耶克将原信中的 symbolised 错误转录成 symbolizes。

47. 维特根斯坦在原信中使用的是“看法”（views）一词，哈耶克在转录时改成了“想法”（ideas）。

48. 维特根斯坦在原信中将 although 错写成 allthough。

49. 哈耶克将原信中的 sense data 错误转录成 sense-date。

50. 维特根斯坦在原信中将 mine 错写成 myne。

51. 维特根斯坦在原信中经常将名词的首字母大写，比如 Love、Mortality、Types 等，这可能是受到其母语德语的影响。哈耶克在转录时均改成了小写。译者注。

52. 《维特根斯坦通信全集》里标注的日期为1913年1月21日。

53. 维特根斯坦在原信中将 beautiful 错写成 beautifull。

54. 维特根斯坦在原信中将 joyful 错写成 joifull。

55. 此处为哈耶克的注释。

56. 品生特的原文为“英语的”。

57. 品生特的原文是问句。

58. 品生特的原文是“仍没搞清楚”。

59. 品生特的原文是“维特”（Witt.）。

60. 同前。

61. 同前。

62. 品生特的原文是“维特根斯坦有一次发现他自己”。

63. 维特根斯坦在原信中将 hopeful 错写成 hopefull。

64. 原信此处是“；”。

65. 维特根斯坦在原信中将 although 错写成 allthough。

66. “一个”在原信中有下划线。

67. 品生特的原文为“人们”。

68. 这句话的后半部分是：形而上学等受制于完全缺乏凭证。它就像是从炼金术到化学的进化。

69. 哈耶克将原信中的 amongst 误写成 amongs。

70. 品生特的原文为“路德维希”。

71. 哈耶克将 recommendation 错写成 recomandation。译者注。

72. 品生特的原文为“这里的户外生活”。

73. 维特根斯坦在原信中将 sitting 错写成 siting。

74. 维特根斯坦在原信中将 beautiful fjord 错写成 beautifull fiord。

75. 维特根斯坦在原信中将 until错写成 untill。

76. untangible，应为 intangible。译者注。

77. 原信的标点为“？？！”。

78. 维特根斯坦在原信中将 awful 错写成 awfull。

79. losing，原信是 loosing。

80. 原信是“非常棘手”。

81. 这句话少了一部分：“在把类型论搞好之前，……”

82. 原信是“肯定会”。

83. 维特根斯坦在原信中频繁使用“-”符号代替逗号，哈耶克在转引维特根斯坦的书信时，将“-”全部改成了“，”。译者注。

84. 维特根斯坦在原信中将 being able to 错写成 beeing able to。

85. 维特根斯坦在原信中将 die错写成 dy。

86. 维特根斯坦在原信中将 therefore 错写成 therefor。

87. 哈耶克在转录时将原信中的“done”误写成“d ne”。

88. 维特根斯坦在原信中将 mine 错写成 myne。

89. 维特根斯坦在原信中将 dare 错写成 dear。

90. 这里少了一句话：“而我的正事儿是：”。

91. 哈耶克将原信中的“in your presence”误写成“in your present”。

92. 维特根斯坦在原信中将 always 错写成 allways，“永远”一词在原信中有下划线。

93. 原信是“——”。

94. 同前。

95. possibility，原信是 probability。

96. 关于维特根斯坦《逻辑学笔记》的各种版本，参见 L. 维特根斯坦：《逻辑学笔记》，载于《哲学杂志》，1957年，第54期，第230—245页；L. 维特根斯坦（著）；G. H. 冯·赖特/G. E. M. 安斯康姆（编）：《战时笔记：1914—1916》，牛津：1961年；以及 M. Potter：《维特根斯坦的逻辑学笔记》，牛津：2008年。

97. 维特根斯坦在原信中将 until 错写成 untill。

98. 原信是“直到差不多最近”。

99. 原信是“在一个函项的不同位置”。

100. 维特根斯坦在原信中将 occurrence 错写成 occurence。

101. “相同”一词在原信中有双下划线。

102. 原信是“与最根本的问题，特别是在不同位置出现相同主目的问题”。

103. 哈耶克将原信中的 together 误写成 togethter。

104. 这里省略了一句话：“然而我没有失去勇气 & 继续思考下去。”维特根斯坦在此处将 lose 错写成 loose。译者注。

105. 维特根斯坦在原信中将 afraid 错写成 affraid。

106. 原信是“还不能”。

107. 维特根斯坦在原信中将 tell 误写成 tel。

108. 维特根斯坦在原信中将 want 错写成 whant。

109. 这里少了一句话：“如果你把票据一并寄来，我收到文章后就立即寄钱给你——”。

110. 与英语的“you”不同，德语必须选择用尊称“Sie”（您）还是昵称“du”（你）来称呼对方。译者注。

111. 原信是“：”。

112. 原信是“（∃x）. x=x”。

113. “物理”一词在原信中有下划线。

114. 原信是“（x）: x = x . ⊃ .（∃y）. y = y”。

115. “物理”一词在原信中有下划线。

116. 原信使用的是缩写“inf.ax.”。

117. 原信此处有“$\aleph_0$”。

118. 这里省略了几句话。

119. “无法忍受”一词在原信里有双下划线。

120. 维特根斯坦在原信中将 wiederholen 错写成 widerholen。

121. 原信是“我还完全没有搞清楚”。

122. 原信使用的是英语缩写“Ax. of Red.”。

123. 这里省略了几句话。

124. 维特根斯坦在原信中将 wohl 错写成 wol。

125. 原信是“！”。

126. 此处在原信是双下划线。

127. 上文译自德语。译者注。

128. 维特根斯坦在原信中将“die Fragenach dem Wesen”误写成“die Fragenach den Wesen”。

129. 原信是“根本问题”。

130. 原信是“；”。

131. 上文译自德语。译者注。

132. 此处在原信是双下划线。

133. 此处在原信无下划线。

134. 原信是“过去几周”。

135. 维特根斯坦在原信中将 gequält 错写成 gequählt。

136. 维特根斯坦在原信中将 Qual 错写成 Quahl。

137. 原信是“可怕得无法言表”。

138. 原信是“透过妖魔的喧哗”。

139. “也许”一词在原信中有下划线。

140. “不曾知道”在原信中有下划线。

141. “一”字在原信中有下划线。

142. 原信是“！——”。

143. 维特根斯坦在原信中将 hast 错写成 haßt。

144. 哈耶克将原信中的 anfängt误写成 anfänge。

145. 原信是“；”。

146. “没有”一词在原信是双下划线。

147. 上文译自德语。译者注。

148. 维特根斯坦在原信中将“gegen meine Natur ginge”误写成“gegen meine Natur gienge”。译者注。

149. 原信中只有“原谅”一词有双下划线。

150. 原信是“上个星期”。

151. 这句话在原信中是双下划线。

152. 原信是“如此经常地”。

153. 原信是“；”。

154. 原信是“你的敏感”。

155. “比如”一词在原信有双下划线。

156. “一个”在原信是双下划线。

157. 原信是“；”。

158. “全心全意”在原信是双下划线。

159. 原信是“感激和忠于你”。

160. “亲切地”在原信中有下划线。

161. 维特根斯坦在原信中将“Leb wohl”错写成“Leb wol”。

162. “永远的”一词在原信中有下划线。

163. 上文译自德语。译者注。

164. 下文译自德语。译者注。

165. 原信只有“如此”一词有下划线。

166. 哈耶克将原信中的 Vorhaben 误写成 Vorheben。

167. “只”字在原信中有下划线。

168. 原信是“而不致伪善，或吵翻”。

169. 原信是双下划线。

170. 原信是“双方的弱点就不该互相沟通”。

171. “纯粹”一词在原信中有下划线。

172. 原信是双下划线。

173. 维特根斯坦在原信中将 objektiv 误写成 objectiv。

174. 原信是双下划线。

175. 哈耶克在转录时将“我”误写成“你”。

176. “只”字在原信中有下划线。

177. 原信是“你永远的 L. W.”。

178. 摩尔致哈耶克的信，无落款日期。

179. “详细”一词在原信中有下划线。

180. 维特根斯坦在原信中将 wohl 错写成 wol。

181. 这里省略了一句话：“到那时再写信——你的 L.W.”。

182. 上文译自德语。译者注。

183. 哈耶克将 river 误写成 rive。译者注。

184. 哈耶克将 Monte Cassino 误写成 Monte Casino。译者注。

185. 哈耶克将 Drobil 错写成 Dobril。全文如此。译者注。

186. 哈耶克将 genuineness 错写成 genuiness。译者注。

187. 这封信的实际落款日期是1919年3月13日。

188. 维特根斯坦在原信中使用的是意大利语词 Prigionere，哈耶克在转录时写成了 Brigionere；两者均不是正确写法。译者注。

189. 维特根斯坦在原信中将 of course 错写成 of cours。

190. “没人”一词在原信中有下划线。

191. 原信是“；”。

192. 维特根斯坦在原信中将 although 错写成 allthough。

193. 这里省略了一句话。

194. 维特根斯坦在原信中将 afraid 错写成 affraid。

195. “不会”一词在原信中有下划线。

196. 这封信的实际落款日期是1919年6月12日。

197. 原信是“六年前我在挪威”。

198. 这里省略了一句话。

199. 原信是 Manuskript 的缩写“M.S.”。

200. 维特根斯坦在原信中将 Kommentar 误写成 Komentar。

201. 原信是“拜托，请这样做”。

202. 原信是 Manuskript 的缩写“M.S.”。

203. 原信是“立刻以安全的方式寄回维也纳”。

204. “现在”一词在原信有下划线。

205. 上文译自德语。译者注。

206. 哈耶克将 Cassino误写成 Casino。译者注。

207. 维特根斯坦在原信中将 a single soul 错写成 a single sole。

208. 原信是双下划线。

209. 哈耶克将 Russell 误写成 Russel。译者注。

210. 哈耶克将 Wilhelm Ostwald 误写成 Wilhelm Ostwals。威廉·奥斯特瓦尔德（Wilhelm Ostwald, 1853—1932）是出生于拉脱维亚的德国籍化学家，物理化学的创始人之一，1909年被授予诺贝尔化学奖。译者注。

211. 哈耶克将 Russell 误写成 Russel。译者注。

212. 哈耶克将 practices 错写成 practics。译者注。

213. 哈耶克将 outspokenness 错写成 outspokeness。译者注。

214. 哈耶克将拉姆齐的名字 Ramsey 错写成 Ramsay。全文如此。译者注。

215. 是否已公开，不详。

216. 是否已公开，不详。

217. 哈耶克将短语“to all intents and purposes”误写成“to all intents and proposes”。译者注。

218. Hadji Murat，哈耶克的写法是 Chadschi Murat。译者注。

219. 哈耶克的写法是 Dostojevski。译者注。

220. 哈耶克将 Boltzmann 误写成 Boltsmann。译者注。

# 家族关系与家族相似性：哈耶克与维特根斯坦（跋）

艾伦·贾尼克

艾尔巴赫博士无疑正确看到了哈耶克之所以有兴趣为路德维希·维特根斯坦写传的根源：这位具有传奇色彩的人物令他着迷——这个传奇可谓伴随着他的整个学业与事业期，从维也纳的学生时代，直到英国时期；同时，二人恰好的确又是远亲。

这里涉及的家庭关系本身并非无关紧要。路德维希·维特根斯坦与弗里德里希·冯·哈耶克均出身于维也纳的“第二社会”（“Second Society”），有些**大资产阶级**被划入其中，他们的权势可以追溯到19世纪下半叶哈布斯堡王朝的工业化时期。“第二社会”是一个相对较小、具有高度内聚力的精英群体，由大约二百个相互关联的大家族组成，其中的许多家族（包括维特根斯坦家，但不包括哈耶克家）有世俗化犹太背景。事实上，维也纳的“第二社会”可以与英国人所说的“亲族”（the Cousinhood）相提并论，后者是勤劳的犹太商人氏族，诸如蒙蒂菲奥里（Montefiore）、沙逊（Sassoon）和沃尔夫森（Wolfson）等，他们18世纪从欧洲大陆移民到英格兰，为了享受当地的经济繁荣和社会自由所带来的实惠。“第二社会”并不专属犹太人，尽管如此，它仍洋溢着犹太启蒙的精神。它形成了一个精英群体，在某种程度上比贵族本身还封闭（这一点并非完全没有问题，因为“第二社会”同时也宣称自己拥护自由主义，这就意味着对平等原则的某种认同，而维也纳的“第二社会”对此却是陌生的）。**财富与教育**（Besitz und Bildung）是进入“第二社会”的准则。如果说财富是维特根斯坦实业世家进入它的途径，那么教育则是哈耶克学者世家的进入路径；与维特根斯坦不同，哈耶克追随祖辈的脚步，成为了科学家。

无论如何，维特根斯坦1951年去世时，当时52岁的哈耶克已经被知名学者们包围了三十年：各类社会学家和哲学家，他们单单敬畏他的那位远亲。从一战后在维也纳学习法律和政治学期间，直到1931至1945年在英格兰的日子，他难免被维特根斯坦的名气笼罩。当时盛行的一种看法是，维特根斯坦是个古怪的天才，这一评价正是伯特兰·罗素自1911年首次遇到维特根斯坦起便开始四处宣扬的。维特根斯坦特立独行的孤僻生活方式，加上他晦涩的非正统哲学思考模式，又大大助长了这种看法。初次见面时，罗素发现自己完全无法说服维特根斯坦房间里没有河马（有些版本是犀牛），罗素依据的是你在房间里看不到一只河马的“事实”。维特根斯坦倾向于断然否定罗素认为理所当然的事情，这让后者认为这个年轻人根本不相信任何事情。维特根斯坦的大胆给他留下了深刻的印象，他在哲学界为维特根斯坦树立的形象在某些领域持续了半个世纪之久。维特根斯坦被视为某种哲学圣愚（idiot savant），对逻辑和意义有极深刻的洞察力，“普通”思想家是无法理解他的，他没有能力像传统哲学家那样用论据和理论进行表达。相反，人们或多或少地“认定”维特根斯坦在用一种西比尔式（sibylline）的简洁方法表达他的洞见。事实上，这种看法当时受到了维特根斯坦疯狂追随者的虔诚营造，以至于他们当中的一些人甚至背诵起《逻辑哲学论》来，以期书中蕴藏的洞见能“浸润”他们的心智。维特根斯坦在这本书中的表达形式，以及他从1929年起对其中心论点戏剧性的有力批判，打破了哲学常规，在文体上完全反正统，因此似乎证实了罗素对他的看法。

直到20世纪70年代，维特根斯坦的私人文件——这些文件本身就是各种猜测的对象：里面是否有他对公众隐瞒的事实真相？有没有提到他是（传言的）同性恋？——开始向广大学术界公开以后，这幅画面才开始渐渐褪去，并被另一幅画面取而代之，后者是在由这些文件编纂而成的文本和信件的基础上客观形成的。难怪他才华横溢的年轻远亲——其研究兴趣已经从有关货币和商业周期理论的严格经济问题的技术性分析（为此他后来被授予了首个诺贝尔经济学奖），扩展到从哲学的角度努力探索如何在经济和政治的复杂联系基础上理解人类的繁荣——会对维特根斯坦感到不解，以至想要弄明白后者是如何成为那个与众不同的人和非正统的哲学家的。毫无疑问，哈耶克有充分的理由愿意花力气去解释维特根斯坦如何成为了维特根斯坦。

毫无疑问，哈耶克对路德维希的特殊家庭背景——作为哈布斯堡王朝的一个钢铁垄断大亨的儿子——之了解始于他母亲的讲述，她在儿时与路德维希的姐姐们玩耍时，认识了路德维希。因此，即使哈耶克对其研究对象的家族背景没有太多一手资料，他的确掌握一些内部信息可以作为依据。当路德维希的家人拒绝与他合作时，他一定深感失望。对此应当做一些解释。

如果说维特根斯坦的哲学继承人们怀疑这位准传记作者是否有能力琢磨透维特根斯坦的思想世界和他的哲学思考方式，那么他的家人则更担心任何不了解他的人是否有能力捕捉到他那独特的“维特根斯坦式”的细微心理，即为自身的问题寻求最困难的解决办法，或者无论发生什么都顽固地让自己接受最严苛的自我批评，正如他所做的那样。于是格蕾特·斯通伯罗自问，路德维希是否会认可哈耶克（或其他任何人）为他写的传记（例如她脑海里浮现的首先是莫里斯·克兰斯顿早先的文章，然后还有何塞·费拉特·莫拉的随笔），不出所料，她得出的答案是“不！”。她，同她的弟弟一样，其实这一整代人都如此，认为公众没有权利无限获取名人的一切生活细节：毕竟还有隐私这种东西存在。难怪他的同代人，即使如 T. S. 艾略特和路德维希·冯·芬克这种迥然相异的人，都反对别人为他们写传记。这是那一代人的普遍立场，不足为奇。而维特根斯坦的遗稿保管人安斯康姆小姐和洛什·里斯甚至更加强烈地表达了这种情绪。艾尔巴赫博士正确地指出了这里所涉及的学术要求与隐私要求之间不可调和的紧张冲突。在我们这个时代，论及已故名人时需要有的个人忠诚之类的概念听起来似乎过时了。在某种意义上，哈耶克的努力以夭折而告终的故事提醒我们，隐私的意识已离我们远去。尽管如此，我们不应忘记，针对怪异、有创造力的人物的确存在合理的学术兴趣，它们可以且应该被追求，用以帮助我们理解决定天才智性发展的那些因素。别忘了，B. F. 麦吉尼斯花了几乎与路德维希的经历同样长的时间来写斯通伯罗夫人所认可的那种传记：路德维希的一生，如他本人可能看到的那样，或者至少其前半生。

作为对以上思考的总结，我们最好梳理一下维特根斯坦与哈耶克作为思想家的共同点。尽管二人在政治、治学和学术在他们各自生活中所扮演的角色方面存在许多重要差异，但在他们各自的思想观念中有一个方面明显最具有相似性，那就是，他们两人均意识到，在学科内部提问的传统学术方法完全不适合对它们做出解答。他们两人均不顾传统的学术壁垒，以各自不同的方式跟踪自己遇到的问题，无论问题把他们引向何处。例如，哈耶克若想阐明他最关心的经济生活的问题，就必须跨越经济学的边界，进入政治学、思想史，乃至哲学的领域。他被正确地形容为博学的人。人们只需要看看《自由宪章》的脚注——这是他对（欧洲的，而非美国意义上的）古典自由主义价值观的明确陈述——就能感受到其学识的广度与深度。这种学问，即“科学”（Wissenschaft），对维特根斯坦是陌生的。他的思想基础是观念性和想象性的，而非纪实性和论述性的，简言之，它是“文学的”，而非理论的。哈耶克的颠覆性在于其研究的跨学科性；维特根斯坦哲思的颠覆性时刻则是——因为我想不到一个更好的词语来形容——“治疗性的”（therapeutic）（尽管必须强调，这些词在这里的使用是非常谨慎的）。正如维特根斯坦在其著作中巧妙挑选的那些不同于传统哲学的例子，它们看起来虽然更像人类学、儿童心理学，甚至有时像是小说，但其目的则自始至终是解放性和哲学的。他想向我们表明，在哲学中寻找理论是完全适得其反的。事实上，套用卡尔·克劳斯的说法，哲学理论更多的是该学科问题本身的体现，而不是难题的解决方案（听起来有些蹩脚）。我想说的是，哈耶克和维特根斯坦都有足够的勇气接受挑战，自下而上地重新思考哲学和经济学的学术工作。因此，有理由认为，正如维特根斯坦和哈耶克之间存在家族关系，他们之间也存在家族相似性，两人都是大胆的思想家，他们对问题的不懈追求引领他们远远超越了传统学术考察的界限。这在维特根斯坦那里很清楚，在哈耶克这里却似乎没有那么明显；但它确实存在。对于那些只知道哈耶克属于新自由主义和供给学派的人来说，他在诸如选举等方面的积极乌托邦式的提议会令他们瞠目结舌。为了消除政治煽动性，哈耶克提议人们一生只能在四十岁时投一次票，而候选人本身也应当完全由四十岁的人组成，当选者应任职十五年，十五年后自动退任为资深政治家。该提议是为了清除政坛中的恶和效率低下的根源，即政客们对连任的欲念。因此，这项看似离奇的建议实际上是对当今政党政治最成问题的一个方面的回应。它迫使我们重新思考我们日常生活中的每一个假定，就像维特根斯坦要求我们思考为什么我们如此理所当然地坚信玫瑰没有牙齿一样。难道我们不能把牛的牙齿——它们吃草，排出的粪便为玫瑰施肥——视为玫瑰的牙齿的隐喻吗？没有任何坚实的常规用法反对它。毕竟有隐喻用法这类东西。无论维特根斯坦和哈耶克曾经可能有多保守，他们二人对我们——他们的读者——提出要求的方式都具有令人耳目一新的激进性。这一共同的、根深蒂固的思想激进性，必定是激发哈耶克对维特根斯坦产生浓厚兴趣的其中一个因素。遗憾的是，哈耶克未曾有机会搞清楚维特根斯坦何以为维特根斯坦。然而，另一方面，过去六十五年的维特根斯坦研究史表明，为他写传是一项远比哈耶克——尽管他才华横溢——所能想象的复杂得多的任务。

我思，我读，我在

Cogito, Lego, Sum